Marcel Bernet

Social Media in der Medienarbeit

Marcel Bernet

Social Media in der Medienarbeit

Online-PR im Zeitalter von Google, Facebook und Co

Bibliografische Information der Deutschen Nationalbibliothek
Die Deutsche Nationalbibliothek verzeichnet diese Publikation in der
Deutschen Nationalbibliografie; detaillierte bibliografische Daten sind im Internet über
<http://dnb.d-nb.de> abrufbar.

1. Auflage 2010

Alle Rechte vorbehalten
© VS Verlag für Sozialwissenschaften | Springer Fachmedien Wiesbaden GmbH 2010

Lektorat: Barbara Emig-Roller

VS Verlag für Sozialwissenschaften ist eine Marke von Springer Fachmedien.
Springer Fachmedien ist Teil der Fachverlagsgruppe Springer Science+Business Media.
www.vs-verlag.de

Das Werk einschließlich aller seiner Teile ist urheberrechtlich geschützt. Jede Verwertung außerhalb der engen Grenzen des Urheberrechtsgesetzes ist ohne Zustimmung des Verlags unzulässig und strafbar. Das gilt insbesondere für Vervielfältigungen, Übersetzungen, Mikroverfilmungen und die Einspeicherung und Verarbeitung in elektronischen Systemen.

Die Wiedergabe von Gebrauchsnamen, Handelsnamen, Warenbezeichnungen usw. in diesem Werk berechtigt auch ohne besondere Kennzeichnung nicht zu der Annahme, dass solche Namen im Sinne der Warenzeichen- und Markenschutz-Gesetzgebung als frei zu betrachten wären und daher von jedermann benutzt werden dürften.

Umschlaggestaltung: KünkelLopka Medienentwicklung, Heidelberg
© iStockphoto.com/Gilmanshin
Druck und buchbinderische Verarbeitung: Ten Brink, Meppel
Gedruckt auf säurefreiem und chlorfrei gebleichtem Papier
Printed in the Netherlands

ISBN 978-3-531-17296-5

Inhalt

Einführung
Wie Sie am meisten aus diesem Buch herausholen 7
Was ist Social Media? 9
Social Media Medienarbeit: Vom Versand zum Gespräch 11

Grundlagen
Die alten und neuen Regeln guter Medienarbeit 19
Am Anfang war die E-Mail 24
SMS: die schnelle Kurze 37
Mediencorner: die 24-Stunden-Auskunft 39
Social Media Release: schnell geteilt und gefunden 52
Social Media Newsroom: das Ziel der Reise 65

Social Media Plattformen
Acht Punkte für jede Social Media Strategie 76
Von Slideshare bis YouTube: mehr Reichweite für Inhalte 82
Corporate Blogs: wo der Dialog beginnt 107
Blogs in der Medienarbeit: sieben Tipps 117
Microblogs: beschleunigtes Gezwitscher 120
Soziale Netzwerke: Facebook schluckt das Web 130
Foren und Wikis: verteiltes Wissen 143
Bewertung und Standort: offen bleiben 147

Der neue Dialog
Monitoring heißt Zuhören und Handeln 151
Umsetzung: die Sicht des Ganzen 159
Strategie: drei Phasen und Richtlinien 162
Die Zukunft: integraler Dialog im steten Wandel 166

Anhang

Glossar 170
Abbildungen 180
Dank und Offenlegung 181
Quellen und Links 182

Einführung

Wie Sie am meisten aus diesem Buch herausholen

«Papier ist bald das letzte Medium, das ich noch nutzen kann, ohne dass jemand mitliest, der weiß, wo ich gerade bin und mir vorschlägt, was ich noch kaufen soll.»
Frank Schirrmacher[1]

Was bringt ein Buch im Zeitalter von Kurznachrichten, Echtzeit-Web und Wikipedia? Bücher sind langsame Medien. Und genau darin liegt ihr Vorteil. Egal, ob Sie jetzt vor Papier oder der Bildschirm-Version dieses Buches sitzen.

Hier erhalten Sie grundsätzliche Orientierung. Eine Gesamtsicht. Als Kompass, der weiter blickt als die 140 Zeichen einer Kurznachricht. Als Fundament für die laufende, schnelle Optimierung Ihrer Medienarbeit.

Querlesen mit Suchmaschine
Damit Sie dieses langsame Medium schnell nutzen können
– ist jedes Kapitel in sich abgeschlossen, Sie können querlesen und überall einsteigen;
– zeigt jedes Kapitel im ersten Abschnitt die Essenz der folgenden Seiten als Übersicht.

Aktualisierung im Netz

Das Buch ersetzt meine erste Publikation «Medienarbeit im Netz», erschienen 2006. Es bringt grundsätzliche Aussagen und Anleitungen, die über den Tag hinaus Bestand haben.

Laufende Ergänzungen, Tipps und Erkenntnisse zu Social Media bieten:
- www.bernetblog.ch im Abo über E-Mail, RSS und Twitter,
- www.bernet.ch/wissen mit Checklisten und Studien,
- www.bernet.ch/anstoss als zweimonatlicher Newsletter,
- www.facebook.com/bernetpr für soziale Netzwerker,
- www.twitter.com/marcelbernet mit Kurzmeldungen,
- www.delicious.com/marcelbernet als Link-Sammlung.

Vom Buch zum Gespräch

In diesen Zeilen steckt meine Erfahrung aus 20 Jahren Online-Kommunikation. Viel gelernt habe ich in dieser Zeit auch aus Fehlern. Ich freue mich, wenn Sie das Gespräch mit mir aufnehmen. So können ich und andere aus Ihren Fragen und Erfahrungen lernen: marcel.bernet@bernet.ch.

Einführung

Was ist Social Media?

**«Technologie verschiebt die Macht weg von Redakteuren, Verlegern, dem Establishment, der Medien-Elite.
Rupert Murdoch[2]**

Social Media ist der bisher beste Versuch, etwas zu benennen, das sich mit großer Geschwindigkeit in verschiedenste Richtungen bewegt. Der Begriff umfasst alle Möglichkeiten des Austausches im Netz: Soziale Netzwerke, Blogs, Foto- und Videoportale oder auch Webseiten mit Kommentarfunktion.

Und dieser Austausch ist gewaltig: Anfang 2010 wurden wöchentlich 3,5 Milliarden Nachrichten, Links oder Videos auf Facebook geladen oder täglich 25 Millionen Kurznachrichten über Twitter abgesetzt[3]. Dieses Rauschen schwillt weiter an, es reicht vom breit abgestützten Wikipedia-Eintrag bis zum privaten Chat, von Ferienfotos bis zu Lernvideos auf YouTube, vom ersten Bild der Hudson-Notlandung auf Twitter bis zur vertieften Online-Reportage des Beinah-Unglücks.

Wir stehen am Anfang einer Entwicklung. Social Media ist heute dort, wo das Radio 1912 war, das Fernsehen 1950 oder das Internet 1995. Menschen und ihr Bedürfnis nach Information und Austausch werden bestimmen, wo wir in zehn Jahren stehen.

Vielleicht wird dieser Begriff bis dann verschwunden sein – und mit ihm viele der Kategorien und Anwendungen auf der folgenden Übersicht. Was bleiben wird ist die grundlegende Veränderung der Kommunikation hin zu mehr Mitwirkung und Dialog.

Social Media Landkarte

Auf diesem lebendigen Online-Marktplatz sind wir alle Empfänger und Sender zugleich. Der öffentliche Austausch von News, Meinung, Information und Daten wird immer wieder neu kombiniert, an stets wechselnden Marktständen. Die folgenden Seiten führen zu allen Kategorien, die für Ihren Dialog mit Medien und Meinungsmachern relevant sind.

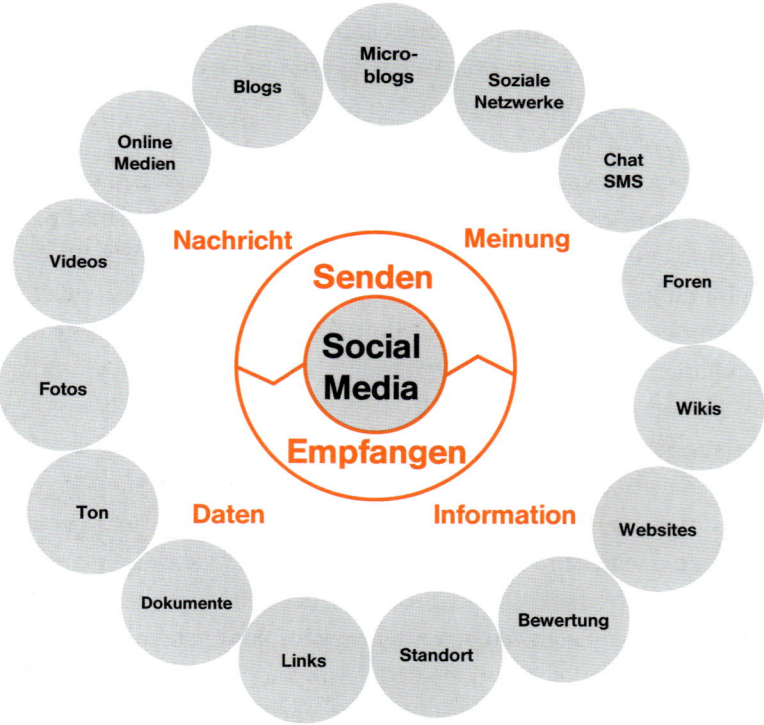

Abbildung 1: Social Media Landkarte (Marcel Bernet)

Einführung

Social Media Medienarbeit: Vom Versand zum Gespräch

«Unternehmen können zum ersten Mal mit ihren Märkten direkt kommunizieren.»
Cluetrain Manifest, 1999[4]

Dieses Buch begleitet einen Übergang. Denn die Art und Weise, wie Öffentlichkeit hergestellt wird, verändert sich grundlegend.

Das Monopol bricht weg
Der Medienmogul Rupert Murdoch kontrolliert ein großes Filmstudio, mehrere TV-Sender, Zeitungen und MySpace. Seine unternehmerische Erfahrung hat er so auf den Punkt gebracht: «Monopole sind schrecklich. Bis man selbst eines hat.» Heute kämpft er gemeinsam mit anderen Verlegern ums Überleben seines Geschäftsmodells.

Dieses über Jahrzehnte weitgehend geschlossene Modell löst sich auf. Inhalte sind digital und können deshalb immer günstiger hergestellt, kopiert und verteilt werden. Das Internet ermöglicht die Verteilung weltweit, schnell und praktisch kostenlos.

Heute können alle alles publizieren, alles kopieren, alle erreichen. Das führt zu einer Inflation von Plattformen und Inhalten, weniger Aufmerksamkeit und drastisch sinkenden Einnahmen für die Verleger. Der Medienwissenschafter Stephan Ruß-Mohl ist überzeugt: «Ein Prozess schöpferischer Zerstörung hat die Medienwelt erfasst und macht vor nichts und niemandem Halt.»⁵ Der amerikanische Berater und NYU-Dozent Clay Shirky vergleicht diesen Umbruch mit der Einführung des Druckverfahrens durch Gutenberg im 16. Jahrhundert. Sein Fazit: Mitten in einer Revolution weiß niemand, wohin die Reise geht.⁶

Neue Räume der Öffentlichkeit

Öffentlichkeit entsteht dort, wo Menschen sich austauschen. In Freiheit und in einer Zahl, die über das Private hinausgeht. In Veranstaltungen, persönlichen Treffen oder vermittelt durch Medien.

Das Internet ist kein Medium, sondern eine technische Plattform. Für Medien und zahlreiche Anwendungen, die Menschen einen öffentlichen oder privaten Austausch ermöglichen. Die theoretische Reichweite auf diesem globalen Versammlungsplatz lag Anfang 2010 bei 1,8 Milliarden Internet-Nutzern. Nach diesen Schätzungen⁷ ist ein Viertel der Weltbevölkerung online, monatlich kommen weitere 500.000 dazu.

Die Verbreitung des Internet und die damit einhergehenden Veränderungen des sozialen Austausches lassen neue Räume der Öffentlichkeit entstehen. In diesen digitalen Räumen haben alle eine Stimme. Und die Möglichkeit, gehört zu werden.

Alle schreiben, kritisieren, empfehlen

Als kürzeste und einfachste Form dieser öffentlichen Stimme bietet sich das Antippen von «*Gefällt mir*» bei einem Facebook-Eintrag. Ein Mausklick macht den Eintrag wertvoller, er wird schneller gesehen, eher weitergereicht. Genau so können heute oft Musiktitel, Videos oder Artikel in Online-Medien und Blogs bewertet werden.

Einen Schritt weiter geht der engagierte Web-Nutzer mit einem Kurzkommentar. Und da stehen nicht Firmen und Produkte auf dem öffentlichen Prüfstand – auch der Nutzer selbst hofft auf positive Bewertungen, will er zum Beispiel weiterhin Produkte auf Ebay verkaufen.

Seine Stimme erheben kann man auch als Texter, Fotograf oder Filmer. Hier reicht das Spektrum vom professionell gemachten Themenblog über schnelle Twitter- oder Facebook-Texte bis hin zu eindrücklichen Bildern oder verwackelten Videos.

Das Erdbeben in Haiti hat 2010 gezeigt, dass Menschen mit Mobiltelefon und Internet-Anschluss die schnelleren Texter, Fotografen oder Filmer sind. CNN hatte in den ersten Stunden aufgrund zusammenbrechender Strom- und Telefon-Netze keine Bilder und Kommentare. Die ersten Beiträge des Senders stützten sich auf Facebook-Fotos, Twitter-Texte und YouTube-Videos. Sie waren vom Publikum vor Ort erstellt und über mobile Web-Zugänge verbreitet worden.

Das Ende der Massen-Medienarbeit
Wer stellt Öffentlichkeit her? Das staatliche Fernsehen, die große Tageszeitung, Google News oder die persönliche Facebook-Notiz über schlechten Kundendienst?

Die Öffentlichkeit gibt es nicht – und es hat sie noch nie gegeben. Es gibt Teil-Öffentlichkeiten. Und die werden kleiner, wechselhafter, interessengeleiteter. Weil wir immer mehr Informationen erhalten und gleich auch noch selbst daran mitschreiben. In kürzeren Einheiten und Echtzeit, rund um die Uhr, jederzeit online.

Dank Online-Multiplikation kann die persönliche Facebook-Notiz über schlechten Kundendienst größere Teil-Öffentlichkeiten schaffen als die Tagesschau. Und Größe allein ist nicht entscheidend: Die Meinung eines Expertenblogs mit 100 Abonnenten kann für eine Organisation wertvoller sein als ein Auftritt in klassischen Massenmedien.

Sie ahnen bereits, wohin diese Argumentation führt. Nicht nur, weil sie jetzt vor Ihren Augen aufgebaut wird. Sondern weil Ihnen diese Tatsachen in Ihrer täglichen PR-Arbeit begegnen. Wir erleben das Ende der klassischen Massen-Medienarbeit. Wir stehen mitten in einem neuen Zusammenspiel von Medien, Online-Plattformen und Menschen.

Wo genau diese neue Mischung sich hin entwickelt, das weiß niemand wirklich. Klar sind die Konturen. Dieses Buch skizziert Strategie und Umsetzung einer Medienarbeit, die
– Dialog und Beziehungen gestaltet,
– sich im Fluss den neuen Anforderungen anpasst,
– als Mosaikstein der Kommunikation ein Gesamtbild der Organisation prägt.

1. Medienarbeit als Dialog
Schon das 1886 eingerichtete «Presse- und Reclamebüro» des Suppen- und PR-Pioniers Julius Maggi wird sich an die Grundregeln guter Pressearbeit gehalten haben. Und dazu gehört der Dialog mit Redaktionen. Neu ist, dass dieser Dialog nicht nur mit Print- oder Online-Massenmedien geführt wird. Medienarbeit richtet sich heute an wesentlich kleinere Teil-Öffentlichkeiten, an Online-Multiplikatoren und schließlich an alle Menschen, die über Suchmaschinen Medienmitteilungen lesen, kommentieren, weiterleiten, in ihre Publikationskanäle aufnehmen.

Damit werden Produktion und Distribution von Inhalten aufwändiger – es müssen zielgruppengerechte Varianten erarbeitet werden, Versandlisten wachsen und verändern sich schneller. Das Monitoring wird anspruchsvoller. Es bildet die Grundlage für eine aktuelle Übersicht der Teil-Öffentlichkeiten und den Dialog. Der Dialog schließlich muss aktiv und reaktiv geführt werden, authentisch und persönlich, schnell und oft rund um die Uhr.

2. Medienarbeit im Fluss
Wer die Medienarbeit verantwortet, muss sich stets fragen: Wen spreche ich an? Mit welchen Inhalten? Auf welchem Weg? Wichtig ist es deshalb, hin und wieder vom Ufer auf den reißenden Fluss der Informationsschnipsel zu blicken. Treffen Sie dabei die strategischen Entscheidungen, die Ihrer Medienarbeit einen langfristigen Fokus sichern. Um dann nach einem beherzten Kopfsprung die nächsten Stromschnellen zu meistern.

Dabei werden Sie Ihren Mitschwimmern mehr Freiraum einräumen. Denn das neue Gespräch mit Meinungsmärkten lässt sich nicht mit einer einzigen Stimme kommandieren – es entsteht aus dem vielstimmigen Online-Engagement Ihrer ganzen Organisation. Die Kunst wird darin liegen, immer wieder die richtige Balance zu moderieren zwischen zentraler Koordination und Freiheit im Dialog nach außen.

3. Medienarbeit als Mosaikstein
Medienarbeit hat sich einzufügen. Sie steht im Dienst einer Gesamtsicht, unterstützt die Erreichung von Zielen der ganzen Unternehmung, Organisation oder Kampagne. Das Abstimmen von Taten und Worten über alle Kanäle und Plattformen wird wichti-

ger, wenn sich immer mehr Stimmen einbringen. Die Grenzen zwischen klassischer Kommunikationsarbeit und Online-Aktivitäten müssen verschwinden. Maßnahmen der internen Kommunikation, von Public Affairs über Investor Relations bis Werbung und Marketing müssen sich vernetzen und verstärken.

Im Gespräch mit allen

Stark vereinfacht lässt sich die Ära der Massen-Medienarbeit mit dieser Darstellung illustrieren: Unternehmen und Organisationen verschaffen sich Zugang zu breiter öffentlicher Wahrnehmung, wenn die klassischen Medien mit hohen Reichweiten ihre Themen aufnehmen.

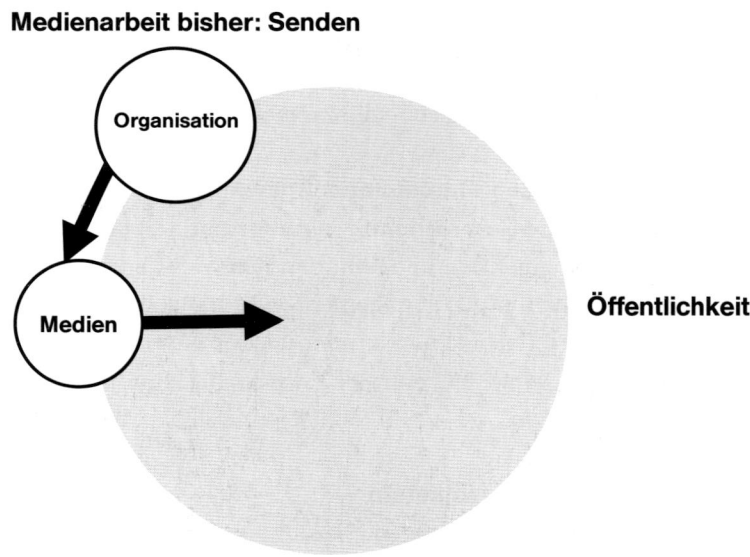

Abbildung 2, Medienarbeit früher: Senden (Marcel Bernet)

Auch in Zukunft wird es Medien geben, die ein größeres Publikum erreichen. Die Zeiten gebündelter Aufmerksamkeit aber sind schon lange vorbei – Öffentlichkeit formiert sich in vielen, interessengebundenen Teil-Öffentlichkeiten. Wer erinnert sich an 1985? Vor der Einführung des Privatfernsehens deckten drei Sender 96 Prozent aller deutschen Haushalte ab – ZDF, ARD und ein Regionalsender[8].

Medienarbeit gestaltet heute den Dialog mit einer Vielzahl klassischer Medien, deren Online-Ausgaben und anderen Online-Multiplikatoren wie Blogs. Hinzu kommen das Zuhören und allenfalls Mitreden in Sozialen Plattformen wie Facebook, YouTube, Blogs oder Microblogs wie Twitter.

Medienarbeit heute: Vielzahl der Dialoge

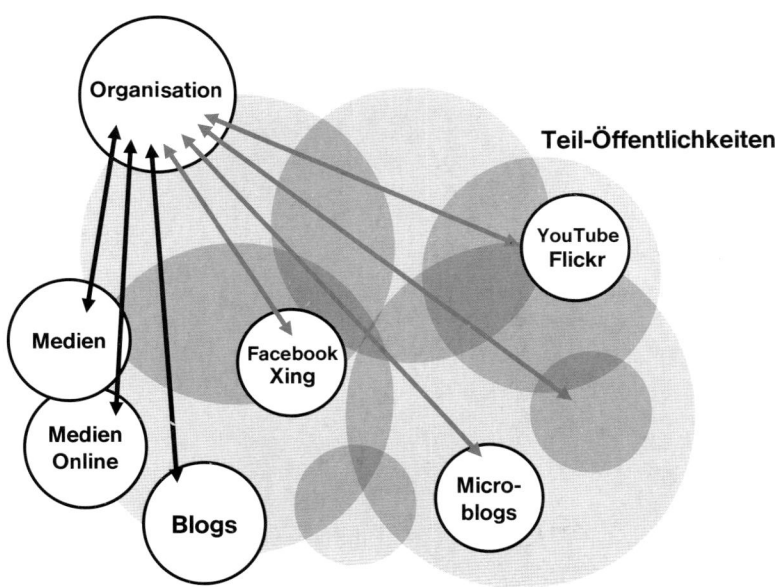

Abbildung 3, Medienarbeit bisher: Vielzahl der Dialoge (Marcel Bernet)

Vielleicht heißen die beliebtesten Online-Lagerfeuer in einigen Jahren anders, bestimmt werden neue dazu kommen. Die Dynamik von Medien und Plattformen bringt ein Nebeneinander von Alt und Neu, Groß und Klein in stetem Fluss.

Die neue Realität des Zuhörens und Antwortens wird sich in allen Kommunikationsdisziplinen durchsetzen. Darin liegen Chance und Herausforderung des Mitmach-Webs. Das übrigens auch von den klassischen Medien intensiv genutzt wird.

Grundlagen

Die alten und neuen Regeln guter Medienarbeit

«Redaktionen entscheiden heute einzig und allein nach dem Nachrichtenwert einer Geschichte, ob sie publiziert wird oder nicht.»
Edward Bernays, 1928[9]

Diese Aussage des US-amerikanischen PR-Pioniers gilt auch im Zeitalter der Social Media Relations. Den Nachrichtenwert einer Geschichte definieren heute alle, die publizieren. Die Journalistin der Abendzeitung folgt dabei anderen Kriterien als die Chefredaktion einer Illustrierten, die Autoren von Weblogs oder der Suchalgorithmus von Google News.

Erfolgreiche PR kombiniert bewährte Grundlagen mit neuen Erkenntnissen und Anforderungen. Der Wert Ihrer Medienarbeit definiert sich in den drei Dimensionen Inhalt, Übermittlung und Dialog.

1. Inhalt: aktuell bis individuell
Die Inhalte guter Medienarbeit sind...

...aktuell
Der Wert einer Geschichte richtet sich nach Neuigkeitswert und Relevanz. Das ist leicht gesagt – denn neu und relevant ist für jede Person, die publiziert, liest oder kommentiert, etwas ganz anderes. Frédéric Filloux, ehemals Chefredakteur von Libération

Paris, sieht im Zeitalter von Social Media noch drei Arten von News: Standard, Klatsch und Qualität[10]. In welche Kategorie passt Ihr Inhalt? Ist er aktuell und relevant genug für eine Medienmitteilung an die Tagespresse? Verzichten Sie besser auf einen Versand? Platzieren Sie Qualität in einem Fachartikel, als Exklusivbeitrag für einen Blog oder im Sonntagsblatt? Auf welchen Sozialen Netzwerken wären kleine Meldungen ein interessanter Beitrag für den Gemeinschaftsklatsch?

...kurz
Nur konzise, leicht verständliche, auf Medien, Mittler, Leserinnen und Leser zugeschnittene Information kommt an. Der Anspruch an diese Klarheit ist gewachsen, denn der Kampf um Aufmerksamkeit ist intensiv. Eine zunehmende Zahl von Absendern leistet auf immer mehr Kanälen immer mehr Medienarbeit. In dieser allgemeinen Informationsflut müssen Inhalte noch einfacher und direkter formuliert sein.

...wahr
«Tue Gutes und sprich darüber» zeigt als landläufige PR- Definition die angenehme Seite der Medienarbeit. Nicht immer ist Positives zu melden. Auch wenn wir unsere Gäste lieber ins Wohnzimmer einladen als in den Keller: Der Fokus auf die positiven Aspekte hat eine klare Grenze – die Wahrheit. Nur mit ehrlichen Aussagen hat Medienarbeit langfristig Erfolg, erst recht in schwierigen Phasen. Denn da wird klar, wie ernst es der Absender mit der Wahrheit nimmt.

...verlinkt
Suchmaschinen sind die neuen Schiedsrichter über sein oder nicht sein: Wer will, dass seine Medientexte gefunden werden, verbindet Klarheit mit suchoptimierten Titeln, wiederholten

Kernaussagen und einer aussagekräftigen Internet-Adresse. Die Empfänger schätzen es, wenn Sie Web-Inhalte ergänzen durch hilfreiche Links zu weiterführenden Hintergrundinformationen, Bildern, Videos oder Tonmaterial.

...individuell
Schon immer galt: Raum erhält, wer sich einstimmt auf die Bedürfnisse von Medium und Leserschaft. Nur mit einer sehr guten Adressdatenbank, nur über stetes Mitlesen und Zuhören gelingt es, maßgeschneiderte und damit erfolgreiche Medienarbeit zu gestalten. Die wachsende Vielfalt des Netzes verlangt geradezu nach angepassten Inhalten und speziellem Timing.

2. Übermittlung: bringen und holen
Den größten Umbruch erlebt die Übermittlung: Das Web hat Abhol-Möglichkeiten für Unternehmensinformationen geöffnet, Radius und Geschwindigkeit erhöht. Gute Medienarbeit ist...

...direkt
Ihre Mitteilungen müssen persönlich ankommen, auf dem bevorzugten Kanal. Die Wahl hängt auch von der Relevanz und Dringlichkeit des Inhalts ab. Sie müssen Bescheid wissen über die stets wechselnden Adressen, Übermittlungswünsche und Empfangsinteressen.

...schnell
Im Netz-Zeitalter ist das Timing noch anspruchsvoller geworden – Inhalte müssen sofort online sein, die Empfänger erwarten schnelle Antworten, unabhängig von Bürozeiten.

...verfügbar
Medienschaffende, Blogger und recherchierende Kunden erwar-

ten, dass sie rund um die Uhr Informationen auf einer Website abholen können. In einem speziellen Bereich für die Presse aufbereitet, immer hochaktuell und natürlich auch abonnierbar.

3. Dialog: schafft Vertrauen

Erst das Gespräch sichert die Qualität von Inhalten und Übermittlung. Und es schafft Vertrauen. Dialog für erfolgreiche Medienarbeit heißt...

...zuhören

Welche Gespräche führen Öffentlichkeiten? Zuhören heißt wissen, was Medien, Meinungsmacher und Menschen gerade beschäftigt. Aus einer Gesamtsicht und natürlich auch direkt, bei Anfragen, Kommentaren, Empfehlungen, Kritik. Wichtig sind ein offenes Ohr und die Bereitschaft, immer wieder relevante Fragen zu stellen.

...authentisch sein

Das Netz verführt zu oberflächlichen Gesprächen. Fragen Sie nur, wenn Sie bereit sind, auf Antworten einzugehen. Lassen Sie zu, dass Ihre Mitarbeitenden persönlich Stellung nehmen. Nach entsprechender Einführung und gemeinsam vereinbarten Grundregeln. Nehmen Sie nur dort Gespräche auf, wo Sie diese selbst führen können.

...transparent bleiben

Dass Pressemitteilungen den Absender deklarieren, versteht sich von selbst. Für den Dialog mit Weblogs, Foren und anderen Online-Gruppierungen gilt: Zeigen Sie, wer Sie sind und welche Interessen Sie vertreten. Anonyme oder mit fiktivem Absender geschriebene Einträge können aufgedeckt werden und vernichten Vertrauenskapital.

...begegnen
Mit den heutigen Mitteln haben wir alle auf einfache Art noch mehr Kontakte mit noch mehr Menschen. Effizient, schnell und oberflächlich. Vertrauen wächst dort, wo man sich auch mal ins Gesicht blickt. Deshalb gilt trotz E-Mail und: Erst der persönliche Kontakt schafft eine Tiefe, die gegenseitige Interessen erkennen lässt.

...dran bleiben
Gute Medienarbeit bleibt eine Frage der Langfristigkeit – wer über Jahre die hier skizzierten Dimensionen pflegt, der verdient sich Schritt für Schritt das Vertrauen, das einen offenen Dialog sichert.

Gute Medienarbeit im Social Web

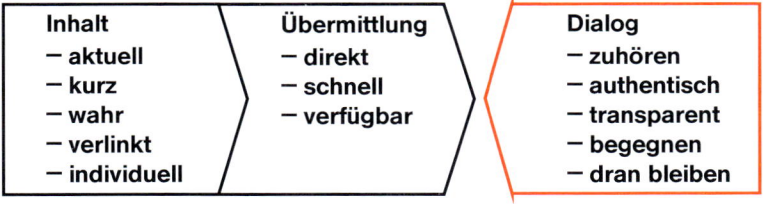

Abbildung 4, Gute Medienarbeit im Social Web (Marcel Bernet)

Aktualität, schnelle Übertragung und Dialog sind nichts Neues. Bewährtes aus den Gründerjahren der Public Relations verändert sich, wird ausgebaut, beschleunigt und stets in Frage gestellt. Social Media Relations sind ein vielstimmiges, anspruchsvolles und dynamisches Gespräch mit Medien, Meinungsmachern und Menschen.

Grundlagen

Am Anfang war die E-Mail

«Eine E-Mail Adresse habe ich nicht. Ich habe ein Alter erreicht, in dem es mein oberstes Ziel ist, keine Mitteilungen zu erhalten.»
Umberto Eco[11]

1984 erreichte die erste E-Mail Deutschland[12] – heute sprechen Schätzungen von weltweit 200 Millionen elektronisch versandten Nachrichten pro Tag. Davon sollen 90 Prozent Spam sein. Die Inbox bleibt trotz konstanter Überflutung einer der wichtigsten Wege für das elektronische Gespräch mit Medien, Meinungsmachern und Menschen.

Journalisten mögen Internet und E-Mail
Das Aufkommen des Internet hat unseren geschäftlichen und privaten Alltag grundlegend verändert. Auch Medienschaffende nutzen dieses Arbeitsinstrument intensiv für ihre Recherchen und die Produktion von Inhalten.

Den schnell wachsenden Stellenwert des Internet illustrieren unter anderem die drei Bernet PR/IAM-Studien «Journalisten im Netz»[13]. Der Vergleich der ersten und der letzten repräsentativen Befragung zeigt den Vormarsch des Internet als Informationsquelle vom fünften auf den ersten Platz, knapp vor der Tageszeitung und dem persönlichen Gespräch.

Wichtigkeit von Informationsquellen für Journalisten

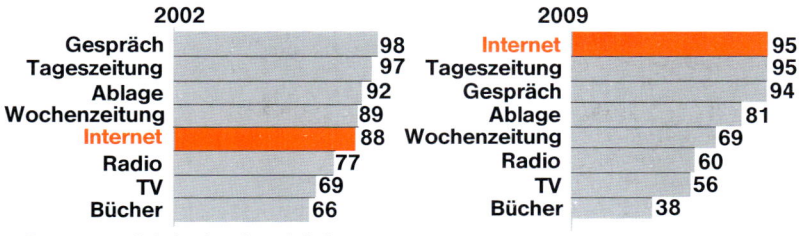

Abbildung 5, Informationsquellen
(Bernet/IAM-Studie Journalisten im Internet 2002/2009)

Gefragt nach den für ihre Arbeit wichtigsten Internet-Angeboten bezeichneten 98 Prozent der Journalistinnen und Journalisten E-Mail als «wichtig» oder «sehr wichtig». Genau so hoch platziert waren Suchmaschinen.

Wichtigste Internet-Angebote für Medien

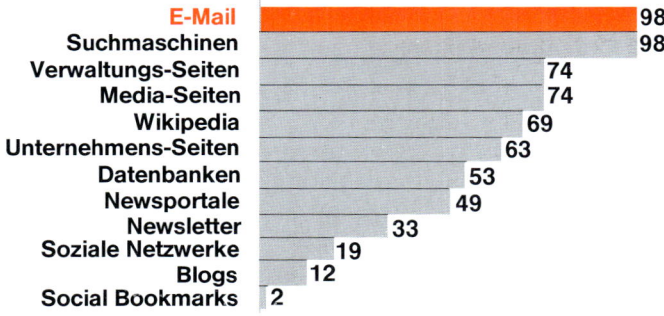

Abbildung 6, Wichtigste Internet-Angebote
(Bernet/IAM-Studie Journalisten im Internet 2009)

Diese beiden Spitzenplätze zeigen: Gute E-Mails und schnell auffindbare Inhalte sind zentral für Erfolge in der Medienarbeit.

Wie E-Mails gelesen werden

Auch Journalistinnen und Journalisten entscheiden binnen drei Sekunden, ob sie eine elektronische Botschaft lesen oder nicht. Die Standard-Blickfolge für das Bewerten von E-Mails springt über drei Stationen:

1. Betreff: Worum geht es? Interessiert mich das?
Ein guter Betreff ist treffend, kurz und ehrlich. Übertriebene Betreff-Zeilen sind frustrierend. Wer auf das falsche Versprechen eines Betreffs reingefallen ist, ärgert sich gewaltig über den Absender.

2. Absender: Ist er relevant für mich?
Mit der zunehmenden Flut von E-Mails wird die Absender-Information immer wichtiger. Mails von Unbekannten brauchen schon einen sehr überzeugenden Betreff, damit sie geöffnet werden. Wenn Betreff und Absender überzeugen, wird die E-Mail zumindest im Vorschaufenster angeschaut.

3. Vorschau: Interessiert mich das wirklich?
Wer in den ersten Worten auf den Punkt kommt, erleichtert die Selektionsarbeit. Auch Medienschaffende sind dankbar, wenn die Wahl zwischen «Lesen» oder «Löschen» leicht fällt.

Ihre Mitteilung kämpft mit unzähligen anderen um die knappe Aufmerksamkeit der Redaktion. Immer öfter wird sie unterwegs empfangen, dargestellt auf dem noch kleineren Bildschirm des Mobiltelefons.

Versetzen Sie sich für die ideale Kombination von Betreff und Einstieg immer wieder in die Situation Ihrer Empfänger: Was verdichtet den Nachrichtenwert Ihrer Mitteilung in einfachen

Worten und kurzen Sätzen? Würden Sie schlau aus diesem Anfang? Ist er gleichzeitig attraktiv und sachlich?

Sieben Tipps für bessere E-Mails
Aus diesem Standardablauf lassen sich folgende Schlüsse für den Versand von Pressemitteilungen ziehen:

1. Relevant und gezielt
Im Zeitalter der E-Mail-Flut wird diese Grundfrage der PR noch wichtiger: Rechtfertigt meine Botschaft den Versand einer Medienmitteilung? Wenn ja: für welchen Verteiler? Mit einer gezielten Auswahl von Inhalten und einem wirklich auf das Thema zugeschnittenen Verteiler erhöhen Sie Ihre Reputation als Absender. Hinter diesem Verteiler steckt viel Knochenarbeit: Die Pflege einer stets aktuellen Datenbank, das Wissen über die zuständigen Fachpersonen und die kontinuierliche Beziehungsarbeit.

2. Kurzer, eindeutiger Betreff
Verkaufen Sie den Inhalt Ihrer Pressemitteilung. Die Kunst liegt in der Balance zwischen knackig und aufrichtig. Achtung: Der Großteil Ihrer Leser sieht nur die ersten 38 bis 47 Zeichen des Betreffs im E-Mail-Fenster[14]. Nutzen Sie dieses Maximum nicht aus – je kürzer Ihr Betreff, desto eher wird die Botschaft geöffnet. Denn Kürze signalisiert: schnelle Erledigung ist möglich. Und die wichtigsten Worte gehören an den Anfang. Denken Sie daran, dass der Absender zusammen mit dem Betreff wirkt. Verzichten Sie auf den Beisatz «*Presseinformation*», «*Communiqué*» oder «*Medienmitteilung*» – in der Inbox der Adressaten warten noch zwanzig weitere Mails mit diesem Anfang, die Übersicht geht verloren. Dazu ein Beispiel:

Absender:
Microsoft Digital Advertising Solutions
Betreff:
Medienmitteilung von Microsoft Digital Advertising Solutions: Steve Ballmer sieht Werbezukunft digital

Der Absender ist klar, er definiert auch die Erwartungshaltung bezüglich der Inhalte, da muss der Betreff nichts wiederholen. Von den 101 Zeichen sind im ersten Mailfenster gerade mal «*Medienmitteilung*» und die Wiederholung des Absenders zu sehen. Wer das liest, ärgert sich. Nur der mühsame Einstieg in den Inhalt kann allenfalls interessante Informationen aufspüren.

Steve Ballmer in den Betreff zu nehmen passt, der Name zieht und er hat sehr direkt mit dem Inhalt des darauf folgenden Texts zu tun. Die Aussage «*sieht Werbezukunft digital*» ist aber zu allgemein. Hierhin gehört wie in einen guten Zwischentitel eine Essenz aus seinen Aussagen. Was kann ich als Journalist praktisch brauchen? Woraus ließe sich eine Geschichte für meine Leser machen?

Dieser optimierte Betreff funktioniert auch, wenn nur die ersten fünf Worte im Mailfenster angezeigt werden:

Steve Ballmer zeigt 5 Erfolgsfaktoren für Online-Werbung

3. Persönlicher Absender
Im Idealfall kommen Ihre Mitteilungen immer von derselben, persönlichen Quelle; der Mail-Absender ist zugleich Ansprechpartner für Rückfragen. Gespräche mit Medienschaffenden zeigen, dass PR-Agenturen als Absender eher gelöscht werden. Wenn Sie die Pressestelle als Absender wählen, definieren Sie eine eindeutige Bezeichnung – zum Beispiel *«presse@schindler.com»*. Geben Sie auf alle Fälle im Inhalt selbst die zuständige Person, E-Mail und direkte Telefonkontakte an.

4. Persönliche Ansprache
Bei persönlichen Absender-Adressen schafft ein persönliches *«Guten Tag Herr Muster»* oder *«Liebe Monika»* zusätzliche Nähe. Vorausgesetzt, diese Anrede ist authentisch und niemals falsch. Das bedingt dauernd aktualisierte Anredeformen für jeden Kontakt und ein Durchchecken aller E-Mails vor dem Versand. Dabei können Sie gleich noch hier und dort persönliche Notizen in die ersten Zeilen setzen.

Diese Zusatzleistung wird nicht erwartet. Sie prägt den persönlichen Stil Ihrer Online-Pressearbeit, wenn Sie sich dafür einsetzen.

5. Kurz und prägnant im Inhalt
Das Lesen von Texten wird auf dem Bildschirm schneller abgebrochen als auf Papier. Schon deshalb muss die Essenz Ihrer Botschaft in die ersten zwölf Zeilen. Und zwar so abgefüllt, dass die ersten zwei das Wichtigste des Wesentlichen enthalten. Denn diese Sätze sind auch in den Vorschaufenstern zu lesen. Ohne einmal zu blättern, will der Empfänger spätestens jetzt wählen: löschen oder weiterlesen?

Starten Sie Ihre E-Mail mit drei Sätzen zum Kern-Inhalt der Medienmitteilung. Wiederholen Sie dabei nicht einfach die Titelzeile und Passagen aus dem Lead. Texten Sie eine Variante, die ganz schnell zeigt: Aha, darum geht es bei dieser Mitteilung und ja, die will ich lesen.

Lesen kann man sie gleich im geöffneten Mailfenster, der Text ist direkt eingefügt. Dazu kommt ergänzend der Link zum Text in Ihrem Pressebereich oder Mediencorner. Unbeliebt sind PDF-Dokumente – mehr zu Formaten und Anhängen nach diesen sieben Punkten.

Wenn weiterführende Links über den Pressetext hinaus die Arbeit der Journalistinnen und Journalisten erleichtern, setzen Sie diese vor Ihre Schlussformel und die Kontaktangaben für Rückfragen.

6. Mit Notausgang: Opt-out-Link
Als PS setzen Sie einen Link für alle, die nicht mehr mit Ihren Angaben bedient werden möchten. Das mag PR-Verantwortliche schmerzen – aber denken Sie daran: Nicht die Größe Ihres Verteilers ist entscheidend, sondern die Präzision.

E-Mail-Adresse ändern oder vom Verteiler streichen:
mailto:mail.adresse@firma.ch?subject=Firma-Verteiler

Dieser Link öffnet automatisch eine Mail an die von Ihnen eingesetzte Adresse, mit dem nach «*subject=*» definierten Betreff. Besser sind die von Newslettern bekannten automatischen Opt-Out-Links, sie verlangen ein entsprechendes Versandsystem oder etwas mehr Programmierkenntnisse.

7. Versand unformatiert

Verzichten Sie auf Gestaltungs-Elemente wie Fettauszeichnungen, Logos, Farben. Auch wenn hervorgehobene Abschnitte wunderschön strukturieren: Einfache E-Mails vermitteln Effizienz und Fokus auf den Inhalt. Hinzu kommt, dass gewisse Mail-Server so genannte HTML-Mails als Spam filtern oder nicht korrekt darstellen. Zusammengefasst könnte Ihr Mailversand jetzt so aussehen:

Absender: Google
Betreff: Buzz bringt soziale Komponente für Google Mail

Inhalt:
Google lanciert heute Google Buzz. Jetzt können Google Mail-Nutzer ihre soziale Kommunikation im Netz noch einfacher steuern. Beim Zugriff über mobile Geräte wird eine wichtige Information hinzugefügt: der aktuelle Standort.

Die vollständige Medienmitteilung finden Sie weiter unten oder auf http://www.google.de/intl/de/press/...
Weitere Informationen finden Sie auf der Buzz-Presseseite
https://sites.google.com/a/pressatgoogle.com/googlebuzz/

Für Rückfragen stehen wir gerne zur Verfügung.
Freundliche Grüße
Kontaktperson
(E-Mail, Direkt-Telefon, Adresse)

E-Mail-Adresse ändern oder vom Verteiler streichen:
mailto:mail.adresse@firma.ch?subject=Firma-Verteiler

(Der Text der ganzen Medienmitteilung folgt ab hier, unformatiert)

Anhänge: Nein Danke, notfalls PDF

Anhänge sind in Redaktionen sehr unbeliebt. Sie besetzen Platz und bringen Empfänger in einen Lösch-Stress. Einmal am Ende ihrer sehr limitierten Mailspeicher angelangt, können Journalistinnen und Journalisten erst wieder Mails empfangen, wenn sie alles Aufgestaute löschen. Damit wird klar, dass PR-Mails mit Anhängen über 50 KB zuoberst auf der Ärgerliste stehen.

Anhänge sind gefährlich. Bei falscher Abspeicherung kann es sein, dass in Word-Dokumenten frühere Versionen samt Korrekturen und internen Kommentaren aufgedeckt werden. Word-Dateien sind auch aufgrund der Virengefahr unbeliebt. Besser schneiden PDF-Dateien ab – sie werden zu einem Standard, der Formatierungen und Logos erlaubt. Nicht wirklich praktisch ist auch in den neueren Versionen das Kopieren von Textpassagen für die Redaktion. Achtung: Je nach eingebetteten Logo-Versionen werden PDF-Dateien groß. Und unbedingt ohne Kopierschutz abspeichern.

Viel besser und beliebt sind Links. Stellen Sie den Pressetext im direkt kopierbaren und für Suchmaschinen attraktiven HTML-Format in den Medienbereich. PDFs sind unbeliebt und unpraktisch.

Bilder und Grafiken können im Kleinstformat angehängt werden, wenn Sie damit unter der 50 KB-Gewichtsgrenze bleiben und wenn diese Vorschau den Redaktionen die Entscheidung über einen Download erleichtert. Viel besser auch in diesem Fall: ein Link an die passende Stelle in Ihrem Mediencorner – wo dann auch gleich die hochauflösende Version auf den Zugriff wartet.

Versand: mit Software und frühmorgens
Am einfachsten ist es, alle Empfänger ins «Blindkopie»-Feld zu setzen. Ins «An»-Feld müsste dann die eigene Adresse, zum Beispiel *«presse@organisation.de»*. Damit bleibt der Verteiler versteckt, doch immer mehr Empfangs-Server klassieren solche Mails als Spam. Professionelle Medienarbeit verlangt direkt adressierte E-Mails, im Idealfall mit Anrede. Spezielle Anwendungen[15] verbinden die Adress-Datenbank mit dem E-Mail-Programm.

Wenn Sie einen Versand planen können, so setzen Sie ihn zwischen 6 und 7 Uhr morgens an – so früh wie möglich. Damit erreichen Sie die bereits anwesenden Online-Redaktionen und sichern sich je nach Aktualität und Relevanz frühe Präsenz.

Letzte Kontrolle
E-Mail ist wie Fastfood: schnell geschrieben, schnell versandt. Bitte nicht kleckern! Sondern genau so sorgfältig bleiben wie im Zeitalter der Papierbriefe. Dieser elektronische Brief ist technisch anspruchsvoller, soll gelesen statt gelöscht werden und zum guten Ruf des Absenders beitragen. Deshalb:
- Vor dem «Senden»-Knopf nochmals Empfänger checken.
- Betreff überprüfen.
- Inhalt durchlesen, straffen, korrigieren.
- Sich die Mail zur Kontrolle selbst zustellen: Absender, Betreff, Formatierung, Zeilenumbruch, Grammatik?
- Klappt das mit der persönlichen Anrede? Peinlich, wenn sich hier ein falsches «Du» einschleicht.
- Ist die HTML-Version im Pressebereich/Mediencorner verlinkt und aufgeschaltet? Ärgerlich, wenn Sie einen Text versprechen, der nirgends zu finden ist.

Verteildienste: gezielt einsetzen

news aktuell, pressetext und andere Dienstleister versenden Ihre Inhalte; sie funktionieren als Newsdienste für Abonnenten oder pflegen eigene Datenbanken. Hinzu kommen bei news aktuell alle Abonnenten der deutschen Nachrichtenagentur dpa und der Schweizer SDA. Hier wird der Originaltext Ihrer Mitteilung in den Strom der Tagesnachrichten eingespielt, gekennzeichnet als «OTS Originaltextservice».

Wer als Journalistin oder Journalist diese Texte erhält, erkennt sie als ungefilterte PR-Mitteilungen – die mit weniger Aufmerksamkeit gelesen werden als persönlich adressierte E-Mails. Wer nicht in eine eigene Adressliste investieren will, kann auf diese Dienste setzen. Für eine nachhaltige Beziehungspflege lohnt sich die Pflege einer eigenen Kontaktdatenbank.

Wenn Ihr Budget groß genug ist, können Sie den eigenen Direkt-Verteiler durch Verteildienste ergänzen. Ein Nebeneffekt ist die damit verbundene Platzierung auf zusätzlichen Web-Seiten. Damit erscheinen mehr Schlüsselworte im Web, mit Links zu Ihnen. Das kann die Präsenz bei Suchabfragen erhöhen. Doch auch hier gilt: Entscheidend sind erstens relevante Inhalte und zweitens ein guter eigener Verteiler. Wer mit schlechten Texten alle Kanäle ausreizt, wird mit dieser Omnipräsenz eher negativ auffallen.

Eine weitere Möglichkeit bieten reine Verteildienste, die nicht Abonnenten bedienen, sondern den Versand an genau die Empfängerlisten vornehmen, die sie von Ihnen erhalten. Auf die Sicherstellung der Ad-hoc-Publizität fokussiert haben sich dgap.de, tensid.ch oder euroadhoc.com.

Sieben Dinge, die Sie besser vermeiden
Einen schlechten Eindruck hinterlassen Sie beim Fehltritt in eines dieser Fettnäpfchen:

1. Die falschen Inhalte an zu viele Adressen
Wenn Sie die Reputation Ihrer Organisation nachhaltig ruinieren möchten, senden Sie viel zu viele Pressetexte mit sehr verkaufsorientierten Inhalten an viel zu viele Adressen. Dank E-Mail ist das heute praktisch kostenlos möglich. Fragen Sie sich vor jedem Versand: Wen wollen Sie erreichen, wieso sind diese Adressaten wichtig für Sie – und was in aller Welt könnte für diese Adressaten wichtig sein an Ihren Inhalten? Diese Kernfrage wird Sie durch alle Ebenen der Social Media Relations begleiten.

2. Nicht richtig zugehört
Zuhören beginnt mit einer akkuraten Pflege der Adressen. Stellen Sie mit großer Sorgfalt sicher, dass
– Kontakte, die sich beim letzten Versand aus der Verteilliste ausgetragen haben, nicht erneut angeschrieben werden,
– Personen, die sich nur für bestimmte Themenbereiche bei Ihnen eingeschrieben haben, durchgängig nur mit diesen Inhalten bedient werden.

3. Tippfehler, fehlende Anhänge, falsche Links
Handwerkliche Fehler verursachen bei den Empfängern schmerzhafte Nebenwirkungen wie Zusatzarbeit, Verzögerung und Ärger. Sie führen bei wiederholter Anwendung zu einer negativen Grundhaltung.

4. «Out-of-Office» nach dem Versand
Endlich auf den Senden-Knopf gedrückt – und dann schnell in den Feierabend oder auf Geschäftsreise. Nichts ärgert Journali-

stinnen und Journalisten mehr als eine Abwesenheitsmeldung, wenn der Absender doch gerade erst eine Mitteilung gesandt hat. Noch mehr ärgern müssten Sie sich selbst: Ihr Inhalt hat Interesse geweckt, doch fehlende Antworten verhindern den Abschluss. Geben Sie in wichtigen Fällen auch Ihr Mobiltelefon an und sorgen Sie für ausreichende Reaktionskapazitäten.

5. Fragen bleiben liegen
Bleibt eine Rückfrage auf dem Anrufbeantworter, bei einer Stellvertretung oder als E-Mail liegen? Ihr Gegenüber will eine Geschichte abschließen. Sichern Sie direkt nach einem Versand genügend Zeit für sofortiges Quittieren und schnelles Beantworten. Damit nutzen Sie Dialogchancen und Sie arbeiten an Ihrer Reputation.

6. Nachfragen: Ist die Mail angekommen?
Gespräche mit Redaktionen zeigen, dass diese Unsitte immer noch nicht ausgestorben ist. Jedes unbedarfte Nachfass-Telefonat hat das Potenzial, Medienbeziehungen zu beenden. Wenn Sie nachfassen, dann haben Sie a) die letzten Artikel dieser Journalisten gelesen, b) sich für einen kurzen, direkten Dialog vorbereitet und c) Zusatzinfos parat, zugeschnitten auf die Redaktion und den Inhalt Ihres Versands.

7. Nicht wissen, worüber Ihre Kontakte schreiben
Lebt Ihre Adressliste? Ist sie eingekauft, über Jahre gewachsen, und Sie haben keine Ahnung, wer hinter den Mail-Adressen steht? Kaufen und lesen Sie regelmäßig die bedienten Publikationen. Machen Sie sich ein Bild über Schlüsselkontakte, die wiederholt über Ihre Themen berichten. Wenn Sie einem Blogger, einer Chefredakteurin oder einem Fachjournalisten begegnen, dann wissen Sie, was diese publizistisch gerade interessiert.

Grundlagen

SMS: die schnelle Kurze

**«Die Amerikaner brauchen vielleicht das Telefon, aber wir nicht. Wir haben sehr viele Eilboten.»
William Preece, Chefingenieur der britischen Post,
1896 zu Graham Bell**

Kurznachrichten auf dem Mobiltelefon genießen mitten in der Flut von Nachrichten einen besonderen Status. Diese maximal 160 Zeichen können Lösungen der Online-PR ergänzen: SMS vereinheitlicht Sprachregelungen, mobilisiert Krisenstäbe oder pflegt einen sehr persönlichen Direkt-Dialog.

Ein Beispiel: Die Sonntagspresse lanciert am Freitagabend eine Umfrage zu einem kurzfristig aufgetauchten Thema? Damit alle Aussagen einer einheitlichen Linie entsprechen, geht das aktuelle Statement aus der Parteizentrale gleich an alle Exponenten der Partei, die Medienanfragen erhalten könnten. Wenn die SMS-Kanäle eingerichtet sind, erreichen die Mitteilungen ohne Vorlaufzeit alle Adressaten. Unabhängig davon, ob sie nun gerade im Büro sitzen oder im Auto.

Nur dringlich und persönlich

Die kleine Nachricht ist kein modisches Muss. Aber eine einfache, günstige und schnelle Ergänzung. Ob intern oder extern: Ihre Dialoggruppe verfügt über einen SMS-Empfänger – das Mobiltelefon ist immer dabei.

Doch dieser Weg darf nur dort genutzt werden, wo er den Erwartungen der Zielgruppe entspricht. Denn SMS sind für Medienschaffende in der Regel sehr persönlich und haben einen dringlichen Charakter.

Setzen Sie gerade gegenüber Journalistinnen und Journalisten, Bloggern und Experten diese Kurznachrichten nur dort ein, wo Sie die Mobil-Telefonnummer persönlich erhalten haben. Der Inhalt einer Mitteilung muss die SMS-Dringlichkeit rechtfertigen. In allen anderen Fällen bleiben Sie bei E-Mail, Direktnachrichten über Twitter oder andere Kanäle.

Rechtzeitig einrichten
Für die breite Verwendung in der Krisenkommunikation sind die SMS-Versandwege rechtzeitig einzurichten. Das kann die Medienarbeit inhaltlich und zeitlich optimieren. Stellen Sie sich folgende Fragen:
– Wo bringen schnelles Auslösen und 24-Stunden-Erreichbarkeit entscheidende Vorteile?
– Wie sorgen Sie dafür, dass unter Zeitdruck alle Schlüsselpersonen das gleiche Briefing haben?
– Wo können SMS mit Kurzhinweisen zu ausführlicheren Informationen führen? Zum Beispiel zur Hervorhebung einer gerade versandten E-Mail?

Entwickeln Sie bei allen Beteiligten ein Bewusstsein dafür, wie und wo Sie SMS in Krisensituationen einsetzen wollen.

Grundlagen

Mediencorner: die 24-Stunden-Auskunft

«Ich suche nicht, ich finde.»
Pablo Picasso

Gute Medienarbeit im Zeitalter des Social Web heißt: Relevante Inhalte, maßgenaue Verteilung, Offenheit für den Dialog. Heute beginnt dieses Gespräch in der Regel auf einer Suchmaschine. Medienschaffende, Meinungsmacher und Konsumenten suchen Informationen für ein Interview, einen Blogbeitrag, einen Kommentar oder eine Kaufentscheidung. Wer dabei nicht gefunden wird, den gibt es nicht.

Auf den folgenden Seiten erfahren Sie,
- welche Anforderungen ein Mediencorner erfüllen muss,
- welche weiterführenden Inhalte möglich sind,
- wie man Abläufe und Ressourcen plant.

Von diesen Grundlagen aus können Sie einen Schritt weiter gehen – zum Social Media Newsroom ab Seite 65.

Auch für Kundinnen und Kunden

Für wen schreiben Sie Ihre Pressetexte? Bestimmt in erster Linie für die Meinungsmacher und Multiplikatoren, die sich für Ihre Inhalte interessieren. Dabei hat jeder gute PR-Profi schon vor 1995 auch an seine Endkunden gedacht – denn schließlich sollten auch die den Text verstehen, wenn er abgedruckt wurde.

Im Zeitalter der Social Media Relations gewinnt diese Gesamtperspektive an Bedeutung. Auch wenn der Mediencorner in erster Linie auf Medienschaffende ausgerichtet ist, so wird er gleichzeitig genutzt von allen Menschen, die im Web irgendetwas suchen oder sich für Ihre Organisation interessieren. Seien es nun Ihr Team, Ihre Kundinnen und Kunden, Spender oder militante Gegner.

Das heißt für die Online-PR und den Pressebereich: Fokussieren Sie sich auf die Bedürfnisse der klassischen und neuen Medienmacher und öffnen Sie sich gleichzeitig für einen breiten Austausch. Sorgen Sie für eine optimale Suchmaschinen-Auffindbarkeit Ihrer Mediencorner-Inhalte (viele Tipps auf den folgenden Seiten unterstützen Sie dabei), lassen Sie Pressemitteilungs-Abos für alle zu und schreiben Sie Ihre Texte so, dass sie über Journalistenkreise hinaus ankommen und weiterleitbar sind.

Ihre wichtigste Anlaufstelle
Schnell auffindbare Fakten zu Unternehmen und Organisationen sind für Medienschaffende essentiell. Bei der Frage nach den wichtigsten Informationsquellen stehen Webseiten von Verwaltungen auf Platz drei und Webseiten von Unternehmen auf Platz sechs (Abbildung 5, Seite 25). Das heißt im Klartext: Gleich nach der Recherche auf Online-Medien und Wikipedia folgt die Suche auf Ihrer Website.

Was erwarten Journalistinnen und Journalisten beim Besuch Ihres 24-Stunden-Infoschalters? Die Frage nach den wichtigsten Inhalten eines Mediencorners zeigt, dass einfache Basisinfos im Vordergrund stehen – die Top-Fünf sind Kontaktdaten, Zahlen, Hintergrund-Infos, Medienmitteilungen und eine gute Suchfunktion. Die weiteren «sehr wichtig»- und «wichtig»-Nennungen fallen etwas ab, Sie dürfen diese Punkte also mit tieferer Priorität angehen.

Wichtigste Angebote im Mediencorner

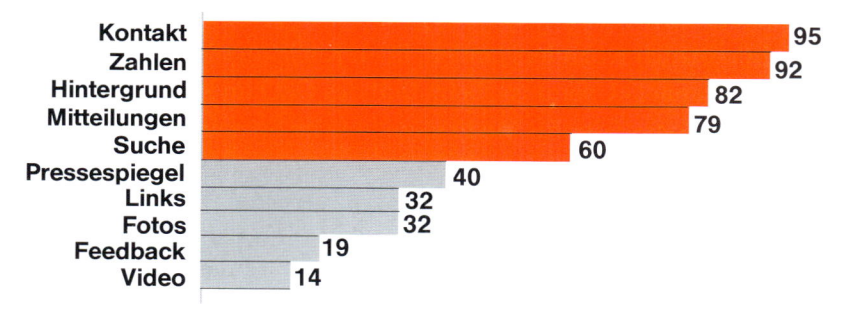

Kontakt	95
Zahlen	92
Hintergrund	82
Mitteilungen	79
Suche	60
Pressespiegel	40
Links	32
Fotos	32
Feedback	19
Video	14

Prozent «wichtig»/«sehr wichtig»

Abbildung 7, Mediencorner
(Bernet/IAM-Studie Journalisten im Internet 2009[13])

Die sieben Mindest-Anforderungen

Wer sich entscheidet, einen Mediencorner auf der Website anzubieten, muss folgende Inhalte anbieten und laufend aktualisieren – mit entsprechenden Ressourcen.

1. Klarer Medien-Link

Stellen Sie sich vor, Sie sind Journalistin oder Journalist. Sie möchten sich für einen Artikel schnell die Quartalsergebnisse ansehen, ein Bild des CEO abholen, Kontaktinfos für eine Anfrage finden. Sie sind unter Druck. Die Suchmaschine hat kein direktes Resultat ergeben, Sie landen auf der Startseite der betroffenen Organisation. Überfüllt wie immer. Jetzt wollen Sie nur eines sehen, sofort: einen eindeutigen Link in den Mediencorner. Dort, wo Sie direkt angesprochen sind; sozusagen Ihre Informations-Insel. Deshalb gehört auf jede Web-Startseite ein Link *Presse* oder

Medien. Vielleicht als eigenes Kapitel, vielleicht auch nur in der Metanavigation, eingereiht neben Kontakt, Home, Suche.

2. Eigener Medienbereich
Wenn Sie im «eigenen» Bereich gelandet sind, dann wollen Sie nicht plötzlich woanders landen. Beim Klick auf die Quartalszahlen im Kapitel «Über uns», beim Bild des CEO im Kapitel «Investor Relations» oder für Medienkontakte im Sammelkapitel «Kontakte». Nein: all das finden Sie unter «Medien». Die Navigation ist derart gehalten, dass Sie sich immer schön auf dieser Insel zurechtfinden. Es darf nicht passieren, dass Sie auf «Quartalszahlen» klicken und in einem separaten Zahlenkapitel landen. Von wo Sie wieder nach oben navigieren wollen und merken – hoppla, ich bin ja gar nicht mehr im Medienbereich.

Das heißt, dass Sie unter Umständen bestimmte Inhalte redundant anbieten müssen. Achtung: Die zweifache Erfassung führt immer zu Fehlern. Im Idealfall erlaubt Ihr Redaktionssystem eine Spiegelung desselben Inhalts an zwei Stellen.

3. Medien-Kontaktstellen
Die ganz banalen Kontaktinformationen stehen zuoberst auf der Medien-Wunschliste. Hier suchen sie keine allgemeinen Ansprechpersonen, sondern die aus der Presse-Abteilung. Gefragt sind:
- Name
- Funktion (wird oft vergessen, erleichtert Themenzuordnung)
- E-Mail
- Telefon-Nummern
- Fax-Nummer
- Allenfalls Angaben über Erreichbarkeit
- Bild

4. Fakten auf einen Blick
Sie wissen selbst sehr genau, was Ihre Organisation tut. So gut, dass es Ihnen seltsam vorkommt, dies überhaupt zu erwähnen. Deshalb fehlt heute auf den meisten Webseiten und erst recht in vielen Mediencornern eine einfache, kurze Gesamtsicht. Was tut diese Organisation? Was zeichnet sie in fünf Sätzen aus? Und dazu bitte gleich ein Link zu wesentlichen Zahlen, in einer reduzierten Tabelle.

«Faktenblatt» heißt diese Informationseinheit in einer Pressemappe. Genau das wünscht sich der eilige Besucher auch im Mediencorner. Auf einer, maximal zwei Bildschirmseiten und nicht in einem PDF versteckt – eine vorbildliche Faktenübersicht bietet die Presseseite[16] von Facebook.

5. Medienmitteilungen
Kein Mediencorner ohne Medienmitteilungen. Da werden Details sichtbar, lässt sich eine Entwicklung verfolgen. Die neuesten Mitteilungen erscheinen zuoberst, ältere in chronologischer Reihenfolge. Zurückliegende Jahre lassen sich auch separat verlinken. Gezeigt sind Datum, aussagekräftige Titelzeile und eventuell die ersten drei bis vier Sätze aus dem Pressetext. Intelligent ist die Lösung, sich diese Anrisstexte ein- oder ausblenden zu lassen – je nach Wunsch kann man so mehr Titelzeilen auf einer Seite sehen, was die Übersicht erhöht. Als Ergänzung zur chronologischen Darstellung kann eine thematische Sortierung angeboten werden. Sie erleichtert die Suche nach vorgegebenen Bereichen wie Abschlusszahlen, Produkte, Geschäftsbereiche, geografische Einheiten.

Der ganze Inhalt der Medienmitteilungen ist am besten als HTML-Seite direkt einsehbar. So erscheinen die Texte sofort, sie sind durchsuchbar, druckbar, weiterleitbar und für Suchmaschinen zugänglich. Es ist zeitraubend, wenn der Link einen PDF- oder Word-Download startet. Das Kopieren von Textpassagen aus PDF-Dateien ist zudem nicht optimal.

Bei großen Textarchiven ist die Option zur Sucheinschränkung auf diesen Bereich hilfreich. Sinnvoll ist es auch, bei Suchen aus dem Medienbereich die hier gefundenen Treffer zuerst anzuzeigen, vor den restlichen Inhalten der Website. Trotz Volltext-Suche: Etablieren Sie eine einheitliche und aussagekräftige Benennung Ihrer Medienmitteilungen. So, dass Medien bei einer Suche sofort die Texte zu den Jahresabschlüssen finden. Ein gutes Beispiel wäre «*Jahresabschluss 2006: Wachstum im Bereich XY fortgesetzt*». Schwierig wird die Orientierung, wenn im gleichen Fall als Titel nur «*Wachstum im Bereich XY*» sichtbar ist. Mehr zum Setzen von Titeln, eindeutigen Web-Adressen in «Zwölf Tipps für suchmaschinenoptimierte Pressetexte», Seite 56.

6. Bilder und Logos
Auch wenn dieser Punkt erst an achter Stelle des Presse-Wunschzettels folgt: Bilder gehören zum Kern der Medienarbeit. Wer den Abdruck von Bildern kontrollieren will, stellt kleine Bild-Dateien in den Mediencorner und dazu einen E-Mail-Link. Wichtig ist, dass die hier eingehenden Anfragen für hochauflösende Dateien in kürzester Frist beantwortet werden. Mit diesem Umweg nimmt man aber in Kauf, dass ein Artikel nicht illustriert wird. Bildredaktionen und Produzenten haben keine Zeit für Anfrageschlaufen. Deshalb empfiehlt es sich, mediengerechtes Bildmaterial frei abrufbar zu machen. Immer als kleine Datei und hochauflösend zugleich. Samt Hinweis für Bildlegenden, Quellenangabe, Copyright. Für die Formulierung der Urheberrechte empfiehlt sich das international verbreitete System von Creative

Commons[17]. Nicht fehlen dürfen die Logos. Ebenfalls in zwei Auflösungen und in Farbvarianten nach Corporate Design, samt Copyright-Vermerk.

7. Abo und Weiterleiten
Platzieren Sie die Option, Pressetexte zu abonnieren, prominent im Mediencorner. Machen Sie es Ihren Interessenten so einfach wie möglich: Die Angabe der E-Mail-Adresse sollte genügen, allenfalls ergänzt mit Angaben zu Herkunft wie: Medien / Mitarbeitende / Kunden / Interessenten. Wenn Sie viel Stoff bieten, freut sich der Empfänger über separat zu abonnierende Inhaltsbereiche. Und sowieso gilt: Zu einem gut gemachten Abo-Versand gehört, dass sich die Empfänger mit einem einzigen Klick wieder aus der Verteilliste austragen lassen oder die Adresse ändern können.

Als Ergänzung zum E-Mail-Abo bietet sich RSS (Really Simple Syndication, siehe Glossar ab Seite 170) an. Der Zusatzaufwand zur Programmierung hält sich in Grenzen und Sie richten sich damit nach den Wünschen Ihrer Dialogpartner.

«Weiterleiten» sollte am Ende jeder Seite im Mediencorner stehen. Ein einfaches Dialogfenster ermöglicht den Versand an eine oder mehrere E-Mail-Adressen. Damit nutzen Sie erste Chancen der viralen Weiterverbreitung. Wichtig für jede Form der Weiterleitung sind natürlich eindeutige, verlinkbare Internet-Adressen.

Anforderungen an ein Redaktionssystem
Diese sieben Punkte enthalten diverse Ansprüche an den technischen Aufbau einer Website. Die wichtigsten Grundanforderungen für Ihre Abklärungen bezüglich Redaktionssystem / CMS und Hosting:

- Jede Seite hat eine eigene Adresse, permanent und im Idealfall aussagekräftig;
- Alle Seiten sind einfach ausdruckbar;
- Die Suche ist schnell und lässt sich im Idealfall auch nur auf den Mediencorner beschränken;
- RSS-Abos sind möglich, eventuell nach Themenbereichen;
- E-Mail-Abos sind möglich und lassen sich einfach verwalten (schnelle Erfassung und Abo-Änderungen durch Nutzer, automatisches Opt-In und Opt-Out, automatisches Löschen von nicht zustellbaren Adressen, einfacher und schneller Versand);
- News aus dem Medienbereich lassen sich bei Eignung auf der Startseite des Unternehmens einblenden;
- Der Inhalt lässt sich auch auf mobilen Geräten mit kleinen Bildschirmen schnell aufbauen und leicht lesen (Smartphones, Tablet-PCs, Laptops).

Weitere Optionen gezielt auswählen

Die Mindestanforderungen sind gesetzt. Mehr ist immer möglich. Realisieren Sie aber nur das, was Ihren Zielsetzungen entspricht. Wenn Sie die Ressourcen dafür sicherstellen können. Hier eine Auswahl weitergehender Inhalts-Optionen:

Dossiers
Wenn sich Ihr Standpunkt und die Hintergründe komplexer Themen bündeln lassen, dann bieten Sie entsprechende Dossiers an. Diese sind gut recherchiert und bieten Informationen mit Mehrwert für Medien, Meinungsmacher, Konsumenten.

Referate, Fallbeispiele, Präsentationen
Als Auswahl, ebenfalls gebündelt nach Ihren wichtigsten Themen. Mit medienrelevanten Zusatzinformationen, die auch ein breiteres Zielpublikum interessieren.

Biografien
Detailliertere Angaben zu den Erfahrungsbereichen und Hintergründen der wichtigsten Personen mit Fotografie. Allenfalls mit Kontaktangaben für das Einholen von Expertenmeinungen.

Mehr Bilder
Von Führungskräften, Produkten, Standorten. Mit einer Datenbank und Suchmöglichkeit.

Terminübersicht
Angabe der nächsten Publikationsdaten, absehbarer Medienanlässe, wichtiger öffentlicher Auftritte. Allenfalls ergänzt mit der Möglichkeit, eine Einladung zu erhalten und verlinkt mit terminbezogenen Medientexten.

Detaillierte Finanzinfos
Als börsennotiertes Unternehmen haben Sie eine ganze Reihe von Publikationspflichten, die auch Online zu erfüllen sind. Schaffen Sie einen schnellen Querlink zu einem allenfalls separaten Investor Relations-Bereich und sichern Sie die medienorientierte Navigation im Gesamtangebot.

Geschäftsbericht aufbereitet
Anstatt einfach ein PDF zu hinterlegen: Fassen Sie die Kerninformationen aus Ihrem Geschäftsbericht in attraktive Kurzformate. Das bedingt ein redaktionelles Konzept und es kann von wenigen Zahlentabellen (die auch als Excel zur Verfügung stehen)

bis hin zu eigenen Webseiten führen, samt Interviews und Videos. Solche Microsites realisieren Bayer[18] oder die Metro Group[19]. Der Schweizer Detailhandels-Riese Migros verzichtet 2010 erstmals auf die gedruckte Ausgabe und gestaltet dafür einen aufwändigen Online-Auftritt[20].

Video und Audio
Schweizer Medienschaffende listen Videos und Links ganz am Schluss der wichtigsten Inhalte, wie die Grafik auf Seite 41 zeigt. Im Gegensatz zu einer US-amerikanischen Untersuchung[21], wo mehr als 80 Prozent der befragten Journalistinnen und Journalisten Videos wünschen und 62 Prozent Audio-Dateien suchen. Wer den Mediencorner zu einem echten eigenen Newskanal ausbauen möchte, wird mehr animierte Inhalte bieten. Wichtig ist auch hier ein klarer inhaltlicher Fokus und ein redaktionelles Konzept, das sehr kurze, schnell einsehbare Video- und Audio-Dateien anbietet und sie auch abonnieren lässt. An Bedeutung gewinnen wird die Live-Übertragung von Medienkonferenzen in Bild und/oder Ton.

Links
Querverweise zu verwandten Websites, die ergänzende Infos zur eigenen Thematik bieten. Wichtig und aufwändig ist die laufende Überprüfung und Aktualisierung der Zielseiten.

Erschienene Artikel
Als möglicher Service mit tiefer Priorität können interessante Medienberichte zur eigenen Organisation verlinkt werden. Hier ist die Frage des Copyrights zu beachten, Links sind ebenfalls periodisch zu überprüfen.

Abläufe sichern: die Anforderungen

In Ihrem Kommunikationsbereich sind die Abläufe so zu gestalten, dass sie folgenden Ansprüchen gerecht werden:

- Der gesamte Inhalt des Mediencorners entspricht den höchsten Ansprüchen an Aktualität und Präzision. Veraltete Informationen, falsche Links oder Tippfehler schaden der Glaubwürdigkeit. Das erfordert eine hohe Qualitätssicherung beim Erfassen neuer Inhalte und das stete Überprüfen aller publizierten Links.
- Im Mediencorner sind immer die aktuellsten Texte und Bilder verfügbar. Und zwar zeitgleich mit dem Abschluss einer Medienkonferenz – nicht erst einige Stunden danach.
- Über den Kontakt-Link können Dialogpartner jederzeit eine spezifische Frage platzieren. Entweder an die aufgeführten Kontaktpersonen oder mit einem sehr einfachen Formular.
- Sie haben intern geklärt, wie Sie mit Anfragen umgehen. Öffnen Sie sich Schritt für Schritt in die Richtung von mehr Offenheit und Transparenz. Die Abläufe sind so festgelegt, dass Mails an den richtigen Ort gelangen, auch bei Abwesenheit gelesen werden und in Stundenfrist zumindest eine nicht automatisierte, persönliche Bestätigung folgt.
- Inhalte im Medienbereich sollen offen zugänglich sein. Wenn Sie trotzdem Bilder nur auf Anfrage oder mit einem speziellen Passwort freigeben, muss der Ablauf für die Registration in Stundenfrist abgeschlossen sein.
- Die Pflege der Mail-Abonnenten läuft im Idealfall über ein Programm, das automatisch auf nicht zustellbare E-Mails reagiert (Adressen werden gelöscht, samt einstellbaren Mitteilungsoptionen an den Administrator), Neu-Abonnements und Änderungen automatisiert einpflegt, einen schnellen Versand und einfache Auswertungen ermöglicht.

– RSS-Abo, -Versand und -Auswertung sind ebenfalls automatisierter Bestandteil des Redaktionssystems.

Ressourcen: mindestens 20 Stellenprozente
Denken Sie schon bei der Definition der Inhalte an die Ressourcen für den laufenden Unterhalt. Sie bewirtschaften mit dem Mediencorner eine mehrseitige Informations-Broschüre für Medienschaffende. Mit dem aufwändigen Unterschied, dass diese Broschüre elektronisch publiziert wird und daher binnen Sekunden veraltet.

Ein Mediencorner, der die sieben Mindestanforderungen erfüllt, beansprucht mindestens 20 Stellenprozente für die laufende Aktualisierung und das Sicherstellen der Qualität. Darin sind keine technischen Abläufe, das Überarbeiten von Bildern oder Programmieren von HTML-Seiten enthalten – nur der einfache Umgang mit Ihrem Redaktionssystem.

Natürlich sind solche Prozentangaben schwierig – der Aufwand ist unter anderem davon abhängig, wie viele Medienmitteilungen Sie monatlich publizieren und ob der Mediencorner mehrsprachig geführt werden soll.

Gehen Sie bei Ihrer Planung ganz einfach von diesem Mindestwert aus. Irgendwo in Ihrer Kommunikationsabteilung wird dieser Aufwand Monat für Monat anfallen, wenn Sie wirklich einen Mediencorner bereitstellen wollen.

So machen Sie Ihren Mediencorner bekannt
Schön, wenn Sie sich einen vorbildlichen Mediencorner leisten – und wenn niemand davon weiß? Sorgen Sie mit einigen wenigen Schritten für mehr Besuche:

- Die Internet-Adresse für den Pressebereich muss eindeutig sein. Zum Beispiel *www.organisation.ch/presse* oder */medien* oder */newsroom*.
- Diese Adresse ist auf Pressemappen, Briefen, Einladungen, Visitenkarten platziert.
- Die Signatur in den E-Mails aller PR-Verantwortlichen weist ebenfalls dorthin.
- Bei der Bekanntmachung hilft die technische Anforderung, dass jede Seite eine eigene Internet-Adresse haben muss – so gelangen seitengenaue Links in die Kommunikation mit Journalistinnen und Journalisten. Jeder Link ist Marketing für den Mediencorner.
- Weitere Möglichkeiten bieten Banner oder Links auf medienrelevanten Webseiten, Inserate in Medien-Fachblättern, AdWords mit medienrelevanten Suchbegriffen.
- Wesentliche inhaltliche Neuerungen können mit einem maßgeschneiderten E-Mailing samt Link kommuniziert werden.
- Die wichtigsten Besuchsvermittler sind und bleiben Suchmaschinen. Laufend aktualisierte Inhalte in HTML statt PDF oder Word, eindeutige und aussagekräftige Adressen für jede Seite erhöhen Ihre Auffindbarkeit. Je mehr andere Seiten in Ihren Mediencorner verlinken, desto besser. Verschiedene Elemente des Social Media Newsroom (Seite 65) und die Optimierung der Inhalte (Social Media Release, Seite 52) bringen ebenfalls bessere Suchresultate.

Entspricht Ihr Pressebereich den Anforderungen von Medienschaffenden? «Webcheck Mediencorner» führt mit 26 Fragen durch einen Schnelltest: www.bernet.ch/checklisten.

Grundlagen

Social Media Release: schnell geteilt und gefunden

«Stirb, Pressemitteilung, stirb!»
Tom Forenski, Silicon Valley Watcher[22]

Im Februar 2006 kündigte Tom Forenski das Ende der Pressemitteilung an. Als einer der ersten journalistischen Blogger berichtet der ehemalige Financial Times-Korrespondent über das Silicon Valley. Sein Beitrag[20] hat eine Diskussion über neue Formen ausgelöst, die bis heute anhält. US-amerikanische PR-Profis[23] haben das Format des «Social Media News Release» entwickelt, inzwischen beteiligt sich auch die International Association of Business Communicators IABC an einer weltweiten Standardisierung[24].

Die Angaben der Kapitel «Am Anfang war die E-Mail» und «Mediencorner: Die 24-Stunden-Auskunft» führen bereits in diese Richtung. Die folgenden Seiten verdichten die Idee in drei Abstufungen:
- klassische Medienmitteilung,
- suchmaschinenoptimierte Medienmitteilung,
- Social Media Release.

Der letzte Schritt verlangt einen entsprechenden Platz im Web – beschrieben im nächsten Kapitel «Social Media Newsroom».

Neue Formate für ein neues Umfeld

1886 richtete Julius Michael Johannes Maggi sein «Reclame und Pressebüro» ein[25]. Die vom späteren Dramatiker Frank Wedekind getexteten Werbe- und Pressetexte dürften bereits anders ausgesehen haben, als das erste Communiqué in der amerikanischen Mediengeschichte: 1906 brachte der PR-Berater Ivy Lee seinen Kunden Pennsylvania Railroad nach einem Unfall dazu, die Presse an den Ort des Geschehens einzuladen und dazu eine Mitteilung zu verteilen. Die Pressearbeit von Organisationen und Unternehmen verändert sich laufend. Heute gestaltet Online-PR den Dialog mit verschiedenen Teil-Öffentlichkeiten, wie ab Seite 11 beschrieben. Medien, Meinungsmacher und Konsumenten wollen Inhalte schnell finden, kommentieren und weiterleiten. Neue Formate der Medienmitteilung erleichtern diese Multiplikation und sie beachten die entscheidende Rolle von Suchmaschinen.

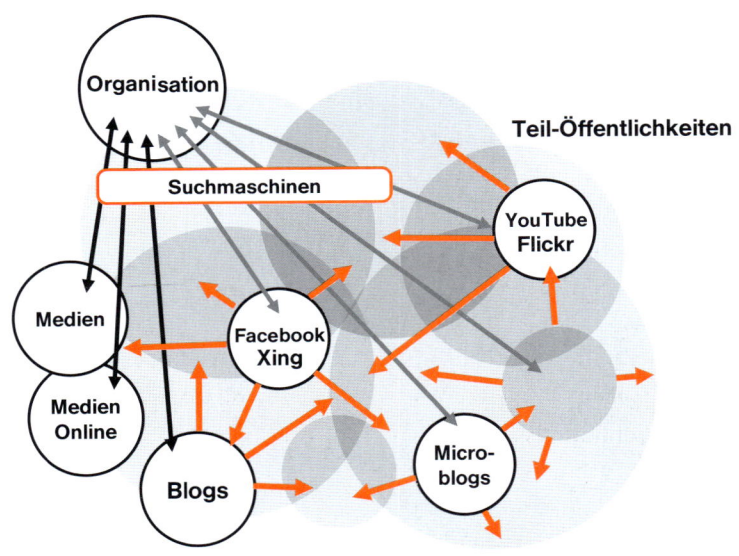

Abbildung 8, Medienarbeit heute: Weiterleiten und Finden (Marcel Bernet)

Der Inhalt bleibt wichtiger als die Form
Auch für die folgenden Ausführungen zur Pressemitteilung gelten die Grundsätze des Kapitels «Die alten und neuen Regeln guter Medienarbeit». Wenn sie werbliche Pressetexte voll Eigenlob versenden, dann nehmen Sie Ihre Dialogpartner nicht wirklich ernst. Im Zeitalter der Social Media Relations wird deren Reaktion schonungslos ausfallen.

Egal, ob klassisch, suchmaschinenoptimiert oder «social» – ein guter Pressetext
- ist für die Empfänger relevant,
- ist kurz und wahr,
- beantwortet die Fragen wer, was, wann, wo, wie, warum in klaren, sachlichen Sätzen.

Wenn Sie sich an diese Regeln halten, dann stärkt der beschleunigte und vielfältige Online-Dialog Ihre Glaubwürdigkeit und Ihre Reputation. Für eine vertiefte Auseinandersetzung mit allen Regeln des journalistischen Online-Schreibens empfehlen sich die «Reporting and Writing Basics»[26] aus dem Journalistischen Handbuch von Reuters.

Klassische Medienmitteilung: neue Elemente
«Sieben Tipps für bessere E-Mails» zeigt ab Seite 27, wie sich die klassische Medienmitteilung im Zeitalter der Online-PR gestaltet. Ist sie auf der Website im Mediencorner dargestellt, so hat sie den ersten Schritt zur leichten Auffindbarkeit getan. Kann man sie dort abonnieren oder an Dritte weiterleiten, wird sie noch benutzerfreundlicher.

Damit hat sich der klassische Pressetext bereits angepasst. Zu den grundsätzlichen Unterschieden zählt auch die Tatsache, dass er sich nicht mehr ausschließlich an die Presse richtet. Das Format behält seine Berechtigung und es wird sich laufend weiter entwickeln. Ganz generell müssen Medienmitteilungen kürzer werden – und sich in folgende Richtung entwickeln:

Suchmaschinenoptimiert: Google setzt die Agenda
2008 umfasste das Web eine Billion eindeutige Internet-Adressen. Diese vom Google-Index[27] erfasste Größe zeigt, dass es schon damals mindestens eine Billion oder eine Million Millionen Seiten im Web zu lesen gab. Eine andere Studie hat die Zahl der Internet-Server gemessen: Ebenfalls 2008 kamen vier Physiker[28] zum Schluss, dass sie sich alle fünf Jahre verdoppelt.

Zum Glück gibt es Suchmaschinen. Wie wichtig sie auch für journalistische Recherchen sind, zeigt die 2009 zum dritten Mal durchgeführte Bernet/IAM-Studie «Journalisten im Internet». Das Internet wird erstmals zum wichtigsten Arbeitsinstrument; Suchmaschinen und E-Mail stehen mit Abstand an der Spitze der Nutzung – Grafiken mit Detailzahlen ab Seite 25. Übrigens entfielen 99,8 Prozent der Suchmaschinen-Nennungen auf Google.

Am Anfang der meisten journalistischen Recherchen steht die Suche: Erst wenn Google, Bing, Yahoo – oder wo immer das Lieblingssuchfenster im Browser grad hinzeigt – nicht fündig werden, sucht man vielleicht auf der Unternehmensseite weiter.

Suchen Sie *«Jahresergebnis Name-Ihrer-Organisation»*. Tauchen Ihre Medienmitteilungen auf der ersten Resultate-Seite auf? Verkauft Ihr Unternehmen Produkte? Mit welchen Worten würden Einkäufer oder Endkonsumenten danach suchen? Wäre es nicht sinnvoll, wenn sie dabei auch auf Ihre Medienmitteilungen stoßen?

**«Das Internet ist die größte Bibliothek der Welt – bloß liegen alle Bücher verstreut auf dem Boden rum.»
Stefan Selle, Chefredakteur eines Mac-Magazins, 1995.**

Zwölf Tipps für suchmaschinenoptimierte Pressetexte

PR-Profis sehen sich genau so wie Online-Journalisten vor einer zusätzlichen Herausforderung: Zu den Anforderungen an Relevanz und Lesbarkeit kommen die Ansprüche der Suchmaschinen. Die sich immer wieder verändern. Machen Sie *keine Abstriche* bei der Qualität. Die Berücksichtigung der folgenden Fragen hat sich in den Dienst des Inhalts zu stellen.

Bei der Erstellung:
- Steht die wichtigste Botschaft im Titel? Als drei bis vier Schlüsselworte, die sich im Text wiederholen lassen? Entsprechen sie einem oft verwendeten Suchbegriff?
- Sind Schlüsselworte und Name der Organisation im Text wiederholt – ohne aufgesetzt zu wirken? Ist das vor allem im Lead und in Kurztext zur Organisation am Schluss möglich?
- Ist der Name Ihrer Organisation im Titel? Im besten Fall entspricht er der von Ihnen geführten Internet-Adresse – ohne die Endungen wie .ch, .de, .at.
- Sind die Schlüsselworte auf eine Seite außerhalb des Mediencorners verlinkt, zum Beispiel auf eine ebenso optimierte Produkte- oder Kampagnenseite?

Für die Abspeicherung im Web:
- Ist der Titel der Medienmitteilung in der Internet-Adresse dieser Seite erkennbar?
- Sind dazu sogenannte Titel-Tags erfasst? Verlangt das Redaktionssystem diese Zusatzangaben, damit sie immer erfasst

werden? Suchmaschinen achten besonders auf mit «Header-Codes» gekennzeichnete Titel, Untertitel und Zwischentitel.
- Enthält der Text Links auf Webseiten Ihrer Organisation? Verlinken Sie dabei aussagekräftige Texte: Anstatt *«hier zu finden»* gleich *«Cash Flow und Mittelflussrechnung»* zum Beispiel zu einer Excel-Tabelle.
- Gibt es Internet-Seiten in Ihrer Organisation oder Ihrem Umfeld, die auf relevante Art und Weise hin zur Medienmitteilung verlinkbar sind?
- Sind inhaltsbezogene und im Web verbreitete Schlagworte, auch «Tags» genannt, zu jeder Mitteilung erfasst?
- Enthält jede Medienmitteilung am Ende einen Link für das Abonnieren weiterer Inhalte per E-Mail oder RSS-Feed?
- Ermöglichen Sie mit Links die E-Mail-Weiterleitung, die Publikation in Sozialen Netzwerken, Microblogs, Weblogs oder Bookmark-Seiten? So, dass der Inhalt weitergereicht wird oder neue Links erhält?
- Je mehr Links auf Ihre Medieninhalte führen, desto weiter oben erscheinen sie in den Suchresultaten. Dabei werden Verweise und Kommentare mit Links von Sozialen Plattformen wie Facebook, Twitter, YouTube oder Flickr priorisiert.

Wie findet man die besten Schlüsselworte?
«Keywords» sind das Zauberwort der Suchmaschinen. Je stärker sich Inhalte auf oft gesuchte Begriffe beziehen, desto eher werden diese Seiten gefunden. Ein kurzer Abstecher in die Welt der Suchenden vermittelt wertvolle Anstöße fürs Formulieren der Schlüsselworte in Titel, Lead, Inhalt und im Kurztext zur Organisation am Ende.

Sklavisches Befolgen der Suchgesetze führt zu verkorksten, unlesbaren Marketing-Pressetexten. Trotzdem: Gönnen Sie sich einen Blick auf folgende Werkzeuge. Denn Schlüsselworte bestimmen Ihre Sichtbarkeit im Web. Der Einfachheit halber sind hier die Hilfsmittel der aktuell dominanten Suchmaschine erklärt.

1. Google Suggest
Sie wollen aktuelle Zahlen veröffentlichen. Was geben Menschen ein, die Ihre Zahlen suchen? Erste Tipps für die Wahl des Titels ergibt das Eintippen von möglichen Begriffen im Suchfenster. Unter dem Suchfeld tauchen gleich beim Eintippen Suchvorschläge auf, basierend auf den meistgesuchten Begriffen in der gewählten Sprache. Die Suchvorschläge mehrerer Suchmaschinen zeigt www.soovle.com, samt Wikipedia – aber erst in Englisch.

2. Google Adwords Keyword Tool
https://adwords.google.de/select/KeywordToolExternal ermittelt Keywords für die Optimierung von Adwords-Suchanzeigen. Damit lassen sich auch Pressetext-Schlüsselworte mit den häufigsten Abfragen vergleichen. Land und Sprachen sind wählbar. Mit der Option «Website-Content» öffnet sich ein Feld für die Eingabe Ihres Entwurfs. Google zeigt eine Rangliste der häufigsten Suchbegriffe mit Bezug zum analysierten Text.

3. Google Insights
www.google.com/insights/search/?hl=de# ermöglicht einen weiteren Test von Kernaussagen. Auf die Eingabe von Suchbegriffen samt Region und Zeitraum erscheint eine Grafik – vorausgesetzt, das Suchvolumen für die gewählten Begriffe ist groß. Varianten lassen sich miteinander vergleichen; Zahlen zu den Kurven sind nach einer kostenlosen Registration möglich.

Social Media Release: ein Format im Wandel
Die Bedürfnisse von Bloggern und Online-Medien führten zusammen mit neuen Verbreitungsmöglichkeiten zur Idee des Social Media Release. Diese dritte Stufe der Pressetext-Evolution lässt sich nur in Verbindung mit einem dafür eingerichteten Social Media Newsroom erklimmen – mehr dazu im nächsten Kapitel. Worin liegen die wesentlichen Unterschiede zur bis hierher beschriebenen Online-Version samt Suchmaschinenoptimierung?
- Die Inhalte werden neu portioniert.
- Multimedia-Möglichkeiten sind stärker genutzt.
- Verbreitung und Verlinkung sind ausgebaut.
- Dialogelemente fördern Rückmeldungen.
- Im Vordergrund steht die Abrufbarkeit, nicht der Versand.

Einige Punkte haben Sie bereits umgesetzt, wenn Sie den bisher formulierten Vorschlägen folgen. Betrachten Sie die folgenden Ansätze als Inspiration für die Zukunft der Medienmitteilung.

Die Vorlage: alle Elemente zur Auswahl
Der weltweite Verband der Unternehmenskommunikatoren IABC beteiligt sich seit 2008 an einheitlichen Standards für den Social Media Release. Eine der ersten und heute noch stark verbreiteten Vorlagen[29] stammt vom US-amerikanischen Agenturinhaber Todd Defren. Weitere Anhaltspunkte bieten Dienstleister wie
PitchEngine[30] in den USA oder die Zusammenarbeit von news aktuell mit PR Newswire, die Erstellung und Publikation unter dem Begriff «Multimedia News Release MNR» anbieten[31].
Aus der Vielzahl der glänzenden neuen Möglichkeiten ist hier ganz bewusst eine Version gewählt, die sich auf das Wesentliche konzentriert. Damit Sie daraus genau das wählen, was Ihre Themen Ihren Online-Zielgruppen allenfalls noch näher bringt:

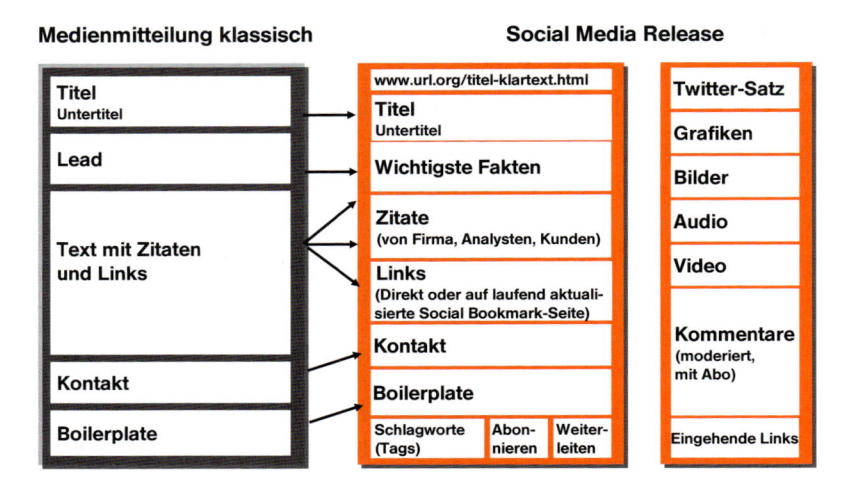

Medienmitteilung klassisch	Social Media Release	
Titel / Untertitel	www.url.org/titel-klartext.html	Twitter-Satz
	Titel / Untertitel	Grafiken
Lead	Wichtigste Fakten	Bilder
Text mit Zitaten und Links	Zitate (von Firma, Analysten, Kunden)	Audio
	Links (Direkt oder auf laufend aktualisierte Social Bookmark-Seite)	Video
	Kontakt	Kommentare (moderiert, mit Abo)
Kontakt	Boilerplate	
Boilerplate	Schlagworte (Tags) / Abonnieren / Weiterleiten	Eingehende Links

Abbildung 9, Vorlage Social Media Release (Marcel Bernet)

Aussagekräftige, permanente Internet-Adresse
Der Social Media Release gehört auf eine Webseite. Ein Versand wäre aufgrund der vielen eingebetteten Elemente nur als HTML-E-Mail möglich – und aufgrund der damit verbundenen Größe und Spamfilter-Anfälligkeit nicht ratsam. Ist die Webseite blogähnlich, sind viele der oben skizzierten Elemente bereits integriert. Dazu zählt auch eine langfristig gleich bleibende Adresse, die den Titel verrät und damit auch Suchmaschinen besser anspricht – zum Beispiel:
adresse.de/mediencorner/erfolgsfaktoren-fuer-online-werbung.html

Titel / Untertitel
Für beide Elemente gelten die geschilderten Anforderungen an Relevanz, Klarheit, Kürze und Suchmaschinen-Ansprüche.

Wichtigste Fakten
Die ersten Entwürfe wollten den Lead durch eine Aufzählung der wichtigsten Fakten in Stichworten ersetzen. Google News verlangt aber ganze Sätze für die Aufnahme in diesen Dienst. Machen Sie den Lead noch kürzer als bisher, nehmen Sie das Wichtigste an den Anfang, denken Sie an die Verwendung der Schlüsselworte und ergänzen Sie allenfalls noch mit einer kurzen Aufzählung.

Zitate
Wer mag, übernimmt diese Idee: Aussagen von internen oder externen Fachpersonen werden nicht in die wichtigsten Fakten eingewoben. Maximal zwei Zitate pro Akteur sind separat aufgeführt, allenfalls mit Online-Kontakt.

Links
Verknüpfungen führen zu hilfreichen Zusatzinformationen. Das Einrichten einer speziellen Link-Seite auf Social Bookmarking-Diensten wie Mr. Wong oder Delicious macht nur Sinn, wenn dort eine größere Auswahl relevanter Verweise eingepflegt ist. Mehr zu Bookmark-Seiten im Kapitel ab Seite 87.

Kontakt
Geben Sie neben den Basis-Kontaktdaten Twitter-, Chat- oder Skype-Adresse nur dann an, wenn Sie Eingänge auch dort wirklich schnell beantworten.

Boilerplate
So wird der Kurztext zur Organisation am Ende des Pressetextes genannt. Reduzieren Sie ihn auf vier bis sieben Sätze. Nutzen Sie dabei Formulierungen, die Leser schnell verstehen und oft su-

chen. Wertvoll sind hier platzierte Links auf textbezogene, relevante Webseiten.

Schlagworte

Im Social Web werden Inhalte mit sogenannten Tags versehen. Sie helfen beim Ordnen und Finden von Texten, Bildern, Videos. Schlagworte machen die neue Medienmitteilung auch für Suchmaschinen relevanter – wenn sie richtig zugeteilt sind. Sie müssen sich auf den Text beziehen und dem entsprechen, was viele andere vergeben und suchen. Testen Sie Ihre Schlagworte auf www.technorati.com, der größten Suchmaschine für Blogs. Weitere Möglichkeiten bietet ein Vergleich mit Inhalten und Schlagworten auf der deutschsprachigen Bookmark-Seite www.misterwong.de. Die ab Seite 57 beschriebenen Google-Hilfen für Keywords helfen auch bei der Schlagwort-Wahl.

Abonnieren / Weiterleiten

Beide Punkte sind bereits in den weiteren Optionen für den Basis-Mediencorner ab Seite 46 angetönt. Hier sind sie ein Muss und sie gehen über E-Mail oder RSS hinaus. Wer den Social Media Release findet, soll weitere News per RSS, E-Mail oder Twitter abonnieren können. Oder diesen Inhalt weiterleiten per E-Mail, Twitter, Facebook oder andere Varianten. www.AddThis.com oder www.ShareThis.com bieten oft genutzte Standardvorlagen.

Twitter-Satz

Wie lautet die Essenz der Medienmitteilung in maximal 117 Zeichen? Geht es auch noch kürzer? Dieser Satz erleichtert den schnellen Einstieg und die Beurteilung der Relevanz. Im Release setzen Sie einen Link auf Ihr Twitter-Konto. Und parallel zum Versand verbreiten Sie diese Kürzestform auf Twitter – samt Link auf den Social Media Release. Für Twitter-Neueinsteiger: Eigentlich hat man 140 Zeichen pro Meldung, da aber noch ein Link dazu muss, liegt die Grenze bei 117 Zeichen. Twitter setzt auf gekürzte Links, die haben 22 Zeichen, dazu kommt ein Leerzeichen.

Grafiken / Bilder / Audio / Video
Ein Bild sagt mehr als 1000 Pressetext-Anschläge. Wenn es gelingt, Kernaussagen mit relevanten Illustrationen zu unterstreichen, kommt Ihre Botschaft eher an – bei Medienschaffenden, Leserinnen und Lesern. Natürlich steigt der Aufwand mit jeder Stufe. Auch wenn die Produktionsmöglichkeiten mit dem Web wesentlich kostengünstiger geworden sind: Echten Zusatznutzen bieten nur gut konzipierte, durchdachte und auf den Punkt gebrachte Podcasts oder Online-Videos.

Im Social Media Release tragen diese Elemente einen Link und den Code für das Verlinken oder Einbetten auf jeder anderen Website, einem Blog, einer Facebook-Pinnwand. Diese Inhalte können auf eigenen Web-Servern liegen. Als Alternative oder Zusatz bieten sich externe Plattformen wie Flickr, YouTube oder Slideshare an. Diese Plattformen erschließen ein zusätzliches Publikum, über die Reichweite Ihrer eigenen Webseiten hinaus. Die dort geparkten Inhalte können problemlos zurück verlinkt werden zum Social Media Release in Ihrem Mediencorner, in Ihre Blogs – oder eben auch in Blogs und Webseiten von anderen.

Sie wählen die Plattform, die ein möglichst großes Publikum in Ihrer Sprachregion erreicht und die sich effizient betreiben lässt. Dort ist eine Sammlung für alle entsprechenden Inhalte eingerichtet, klar zugeschnitten auf Ihre Organisation. Mehr zu inhaltlichen Konzepten und den Plattformen ab Seite 82.

Kommentare
Erwarten Sie keine Dialogwelle auf Medienmitteilungen mit Kommentarfunktion. Es zählt zur Grundhaltung der Social Media Relations, diese Option zu öffnen. Dazu gehört auch, dass Sie die Kommentare lesen und schnell beantworten. Sie können Sie direkt veröffentlichen, zum Schutz vor Kommentarspam am besten mit einer Zahleneingabe versehen. Oder Sie geben sie erst nach Einsicht frei. Ein Abonnement stellt sicher, dass Kommentierende automatisch eine E-Mail erhalten, wenn weitere Kommentare eingehen. Natürlich kann man sich aus diesem Abo löschen oder diese Option wegklicken.

Eingehende Links
Wer zeigt von einer Website auf diesen Social Media Release? Eingehende Links lassen sich in vielen Redaktionssystemen automatisch darstellen. Sie können für die Beurteilung des Inhalts und für weiterführende Recherchen marginal interessant sein, deshalb steht diese Option hier am Schluss. Optimal ist eine moderierte Darstellung: Der Webmaster wird im Hintergrund auf eingehende Links aufmerksam gemacht und kann sie nach einer Selektion einbinden und allenfalls kommentieren.

Auch wenn Tom Forenskis Eingangszitat zu diesem Kapitel die Pressemitteilung ins Jenseits befördert – im deutschsprachigen Raum etablieren sich neue Formen mit mehr Bedacht: Ende 2009 wünschten sich erst ein Drittel von 800 befragten Journalisten und Bloggern Multimedia-Inhalte. Knapp ein Fünftel nutzen RSS. Und 42 Prozent bevorzugen die klassische Nur-Text-E-Mail.[32]

Grundlagen

Social Media Newsroom: das Ziel der Reise

«Das Web ist eine Maschine
für Mund-zu-Mund-Propaganda.»
Bob Garfield[33]

Der Social Media Newsroom ist eine Möglichkeit, Ihren Mediencorner auf neue Bedürfnisse von Medienschaffenden, Meinungsmachern und Konsumenten auszurichten. Hier werden Inhalte interaktiver dargestellt, sie verteilen sich leichter auf verschiedenen Plattformen und sind auch für Suchmaschinen besser zu finden. Ihre Organisation kann damit in einen schnellen und offenen Austausch treten, der weit über die klassischen Medien hinausreicht.

Wenn Sie das wollen. Wenn Sie bereit sind, mehr in die Aufbereitung der Inhalte zu investieren. Verbunden mit einer Grundhaltung, die den offenen Austausch auch im Newsroom sucht.

Was unterscheidet den Social Media Newsroom vom klassischen Mediencorner? Er
- bindet Bild-, Audio- und Videoformate ein,
- sammelt alle Social Media Inhalte an einem Ort,
- erleichtert die Verteilung und Verlinkung der Inhalte,
- enthält Kommentar- und Dialog-Elemente.

Die verschiedenen Ausbaustufen des Medienbereichs lassen sich schematisch wie folgt darstellen:

Social Media Newsroom Mehr Bilder/Video/Audio, Textfelder, Schlagworte/Wortwolke, Kategorien, Verlinken/Einbetten, Kommentare, Kontaktinfo ausgebaut, Abo ausgebaut, aussagekräftige Seitenadresse	Bookmark Seiten Twitter Facebook YouTube Flickr iTunes
Optionen Ausbau Dossiers, Referate, Biografien, mehr Bilder, Termine, mehr Finanzinfos, Geschäftsbericht aufbereitet, Video und Audio, Links, erschienene Artikel	
Mediencorner Mindestanforderungen Klarer Medienlink, eigener Bereich, Kontaktstellen, Fakten, Mitteilungen, Bilder/Logos, Abo/Weiterleiten	E-Mail RSS

Abbildung 10, Ausbaustufen des Medienbereichs (Marcel Bernet)

Die letzte Ausbaustufe ist bereit für die Aufnahme des Social Media Release und zeigt, wohin die Reise gehen kann. Entscheiden Sie bewusst, wohin Sie wollen. Reichen die Ressourcen? Vielleicht bleiben Sie besser bei der klassischen Medienmitteilung mit einem einfachen Mediencorner – der dann auch immer bestens im Schuss ist.

Social Media Newsroom: die Werkzeugkiste

Die ersten beiden Ausbauschritte sind im Kapitel Mediencorner ab Seite 39 im Detail beschrieben, hier nähere Angaben zu den möglichen Elementen des Social Media Newsroom:

Mehr Bilder / Video / Audio
Diese ausgebaute Form des Mediencorners eignet sich nicht für reine Text-Mitteilungen. Als minimale Voraussetzung ist gutes und aktuelles Bildmaterial zu produzieren. Noch besser sind Videosequenzen oder allenfalls Tondokumente. Auch wenn derartige Produktionen heute viel kostengünstiger möglich sind: Ohne ein klares Drehbuch sowie Sorgfalt bei der Produktion und Distribution entsteht nichts Brauchbares. Das Web entwickelt sich in Richtung angereicherte Inhalte – nutzen Sie diese Chance, aber mit einem klaren Bewusstsein für die damit verbundenen Mehrleistungen.

Wer Bilder, Ton und Video auf eigenen Servern hinterlegt, hat mehr Kontrolle über Formate, Verfügbarkeit und Auswertungen. Und natürlich mehr Aufwand für Einrichtung und Unterhalt. Auch bei eigenen Server-Lösungen macht das Führen einer externen Zusatz-Plattform auf Diensten wie Flickr für Bilder, Sevenload oder YouTube für Videos Sinn. Denn mit diesen beliebten Außenstellen lässt sich zusätzliches Publikum erreichen. Dasselbe gilt fürs Verlinken von Bildern, Videos und Ton auf einer zusätzlichen Facebook-Präsenz.

Die Inhalte sind im Social Media Newsroom übersichtlich eingespielt und leicht suchbar. Auch hier sind sie ergänzt mit den kopierbaren Codes fürs Einbetten oder Verlinken auf Webseiten, Twitter-Kanälen und Pinnwänden von Sozialen Netzwerken.

Textfelder
Der Newsroom übernimmt für die Darstellung der einzelnen Pressetexte die für den Social Media Release gewählte Struktur. Wer sich für die Aufteilung in Fakten, Zitate, Links entschieden

hat, wie in der Vorlage ab Seite 59 beschrieben, richtet hier die entsprechenden Felder ein.

Schlagworte / Wortwolke
Sämtliche Inhalte – Texte, Bilder, Videos, jede Seite – sind mit Schlagworten versehen, auch «Tags» genannt. Diese richten sich nach der Logik von suchenden Medien, Meinungsmachern und Kunden und folgen einer eigens gesetzten Systematik. Deren Verwendung auf Blogs, Foren, Medien-Webseiten aus nahen Branchen und Themenbereichen liefert wertvolle Hinweise. Wichtig ist, dass die Systematik festgehalten wird, sich anpassen lässt und von allen Beteiligten genutzt wird.

Die am meisten zugeordneten Schlagworte lassen sich in einer sogenannten «Tag Cloud» darstellen. Diese Wortwolke bietet einen weiteren schnellen Zugriff auf wesentliche Inhalte, die am meisten verwendeten werden größer angezeigt.

Kategorien
Ebenfalls aus der Welt des Blogging kommt die Möglichkeit, Inhalte nach Kategorien zu ordnen. Auch dafür ist eine dreifache Optik zu wählen: Was ist aus Sicht der Besucherinnen und Besucher gefragt? Welche Titel verwenden andere? Welche Inhalte bieten wir und wie lassen sie sich logisch aufteilen?

Verlinken / Einbetten
Jede Inhalts-Seite lässt sich per Knopfdruck auf einer anderen Webseite verlinken. Zum Beispiel im eigenen Blog oder auf der persönlichen Facebook-Pinnwand. Ein Twitter-Symbol bettet die Kurzform des Seiten-Links in eine Twitter-Kurzmeldung ein. Wie schon oben erwähnt lassen sich die Codes von Präsentationen, Videos oder Bildern ebenfalls mit Copy / Paste einbetten. Diese

Direktlinks passen sich laufend an neue Plattformen an. Die wichtigsten sind mit kleinen grafischen Symbolen dargestellt, zusätzliche Optionen öffnen sich vielleicht in einem Dialogfenster.

Alle bis hierher genannten Funktionen führen zu einer besseren Auffindbarkeit der Inhalte auf Suchmaschinen und sie erhöhen die Verteilchancen. Wenn aus dieser Verbreitung Links zurück auf den Social Media Newsroom führen, erhöht sich die Suchmaschinen-Relevanz zusätzlich.

Kommentare
Dieser Newsroom ist nicht einfach ein Suchmaschinen-Trick. Er ist Ausdruck einer offenen Haltung, die zum Dialog einlädt. Deshalb sind Reaktionen möglich. Kommentare werden gelesen und schnell beantwortet. Im Idealfall werden sie sofort publiziert, andernfalls erst nach einer Freigabe durch das Webteam. Wichtig ist, dass Kommentierende per E-Mail über diese Freigabe informiert werden. Ebenfalls zu den Grundfunktionen gehört die Möglichkeit, weitere Kommentare zum selben Eintrag zu abonnieren.

Kontaktinfo ausgebaut
Zu den in den Mindestanforderungen definierten Angaben kommen, falls vorhanden und bedient: Twitter, Skype, Chat / Instant Messaging, Facebook-Seite. Bedient heißt, dass auf allenfalls eingehende Fragen oder Kommentare binnen Stunden reagiert wird, mindestens mit einer Empfangsbestätigung.

Abo ausgebaut
E-Mail und RSS zählen zu den Basis-Abonnieroptionen, die natürlich auch der Newsroom enthält. Zusätzliche Optionen sind:
– E-Mail oder RSS speziell nach Schlagworten oder Kategorien,

- E-Mail oder RSS speziell für Kommentare,
- Google-Reader als RSS-Abo direkt auf diesen Reader,
- Twitter, Google Buzz oder Facebook,
- Kindle, iTunes oder iBooks.

Weitere Möglichkeiten werden auftauchen, die Auswahl richtet sich nach den am meisten verbreiteten Diensten in Ihrem Zielmarkt. Das Online-Magazin www.mashable.com dient als gute Quelle für die eigene Evaluation; die Macher nutzen immer die neuesten Optionen[34].

Aussagekräftige Seitenadresse
Weiterleiten, einbetten, verlinken geht natürlich nur, wenn jede Ihrer Newsroom-Seiten eine eigene und permanente Internet-Adresse hat. Permanent heißt, dass diese URL nach einem Jahr nicht einfach verschwindet oder sich nach der Publikation verändert. Am besten ist die Seitenadresse aussagekräftig. Wer anstatt
*www.firma.at/newsroom/**mitteilung020211.html***
als Titel
*www.firma.at/newsroom/**produkt-erleichtert-preisvergleich.html***
wählt, optimiert den Inhalt für Suchmaschinen.

Außenstellen auf YouTube, Flickr, iTunes
Bilder, Videos und Tondateien können auf den unternehmenseigenen Servern hinterlegt werden. Falls dort genügend Speicherplatz vorhanden ist, die wichtigsten Formate unterstützt werden und die Server an schnellen und breiten Datenleitungen hängen. Soziale Plattformen wie Flickr, YouTube, Vimeo oder Sevenload stellen die ganze Infrastruktur samt hoher Bandbreite zur Verfügung – zumindest heute noch und für die Basisleistungen. Die hochgeladenen Inhalte profitieren vom Netzwerk der Plattform

und einer besseren Sichtbarkeit für Suchmaschinen. Und sie können trotzdem direkt im eigenen Newsroom abgespielt werden.

Natürlich ist man hier abhängig von den angebotenen Formaten und Geschäftsbedingungen, die Adressierung der Inhalte verweist auf diese Drittplattformen und die entscheiden über die verfügbaren Nutzerstatistiken.

Bei eigenem Hosting entstehen höhere Kosten fürs Einrichten und die laufende Pflege, diese Investition bindet zumindest teilweise an die gewählten Dienstleister oder Programme. Im Gegenzug erscheinen alle Inhalte unter der firmeneigenen Internet-Adresse, und man hat die volle Kontrolle über Erscheinungsbild und Nutzerdaten. Das Angebot an Serverlösungen und Redaktionssystemen für Bild, Ton und Film wird in den kommenden Jahren breiter und kostengünstiger werden.

Auch bei eigenem Multimedia-Hosting gilt: Ein Schaufenster auf Flickr, YouTube, Vimeo oder Sevenload bringt zusätzliche Treffer in den Social Media Newsroom und erhöht Verbreitungs-Chancen. YouTube ist in den USA seit 2008 die zweitgrößte Suchmaschine[35].

Twitter als flüchtiger Multiplikator
Microblogging-Dienste wie Twitter etablieren sich vor allem unter web- und technologie-affinen Nutzern. Auf maximal 140 Zeichen lässt sich die Kernbotschaft einer neuen Medienmitteilung via Twitter verkünden, samt Kurzlink in den Social Media Newsroom. Twitter-Nutzer können diese Ankündigungen abonnieren – vorausgesetzt, sie sind immer auf demselben Twitter-Kanal zu finden. Hier kann man sich als «Follower» einschreiben, über den

entsprechenden Link gleich neben den Abo-Knöpfen für E-Mail oder RSS.

Twitter-Meldungen werden flüchtiger gelesen als E-Mails. Denn wenn der Abonnent gerade nicht Twitter liest, wenn die 140 Zeichen vorbeifliegen, dann bleiben sie unbeachtet. Trotzdem: Das Angebot ist sinnvoll, ist einfach einzurichten und lässt sich automatisieren.

Facebook-Filiale für Couch-Potatoes
Immer mehr Menschen verbringen immer mehr Zeit in Sozialen Netzwerken. Facebook wird zu einem großen bequemen Sofa, zur zentralen Anlaufstelle für Austausch, Nachrichten, Einkäufe und Dienstleistungen. Also ist das Einpflegen von Pressetexten, Videos und Fotos sinnvoll. Medienschaffende, Meinungsmacher, Mitarbeitende und Konsumenten erhalten als «Fans» dieser Seite die News laufend auf ihre eigene Pinnwand eingespielt. Sie können sie vom Facebook-Sofa aus lesen, kommentieren, weiter verteilen.

Auch für diese Zusatz-Filiale gilt: erst einrichten, wenn ein Konzept vorhanden ist. Mit Zielen, Ressourcenplan und Evaluation.

Bookmark-Seiten noch immer am Anfang
Der Austausch von Lesezeichen über spezialisierte Plattformen beschränkt sich im deutschen Sprachraum immer noch auf eine eingeschworene Gemeinschaft. Auch Medienschaffende setzen Bookmark-Dienste ans Ende ihrer Nutzungsliste: Mickrige zwei Prozent bezeichnen diese Dienste als «wichtig» oder «sehr wichtig» für ihre Arbeit[36].

Doch gerade im Zusammenspiel mit dem Social Media Release bieten gemeinsam genutzte, öffentliche Link-Listen wertvollen Zusatznutzen. Vorausgesetzt, die hier eingepflegten Bookmarks
- bieten eine inhaltliche Bereicherung,
- sind aktuell,
- sind mit treffenden Schlagworten und
- mit kurzen Bemerkungen zum Inhalt versehen.

Vielleicht verändert sich die Nutzung dieser Link-Sammlungen, vielleicht ist Ihre Zielgruppe hier schon sehr aktiv, vielleicht fügen Sie diese Option erst später zu Release und Newsroom.

Social Media Newsroom Vorlage
Für den Aufbau des eigenen Social Media Newsrooms hält man sich zuerst an die eingangs definierten strategischen Entscheidungen: Welche Ziele hat dieser Austausch mit Medien, Meinungsmachern und Konsumenten im Rahmen der gesamten Kommunikation zu erreichen? Welche Ressourcen sind für das Erstellen und Aktualisieren von Inhalten, für den laufenden Dialog einsetzbar?
Aufgrund dieser Überlegungen bestimmen Sie, wie weit Sie bei der Umsetzung gehen wollen. Wichtig ist, sich dabei nicht im Glanz der Gadgets zu verirren – im Vordergrund steht die Sachlichkeit. Denn auch im ausgebauten Newsroom will das Wesentliche schnell gefunden sein.

Die folgende Vorlage bietet eine vereinfachte Übersicht aller skizzierten Elemente. Sie basiert auf den ersten amerikanischen Modellen[37] und zahlreichen konkreten Beispielen[38].

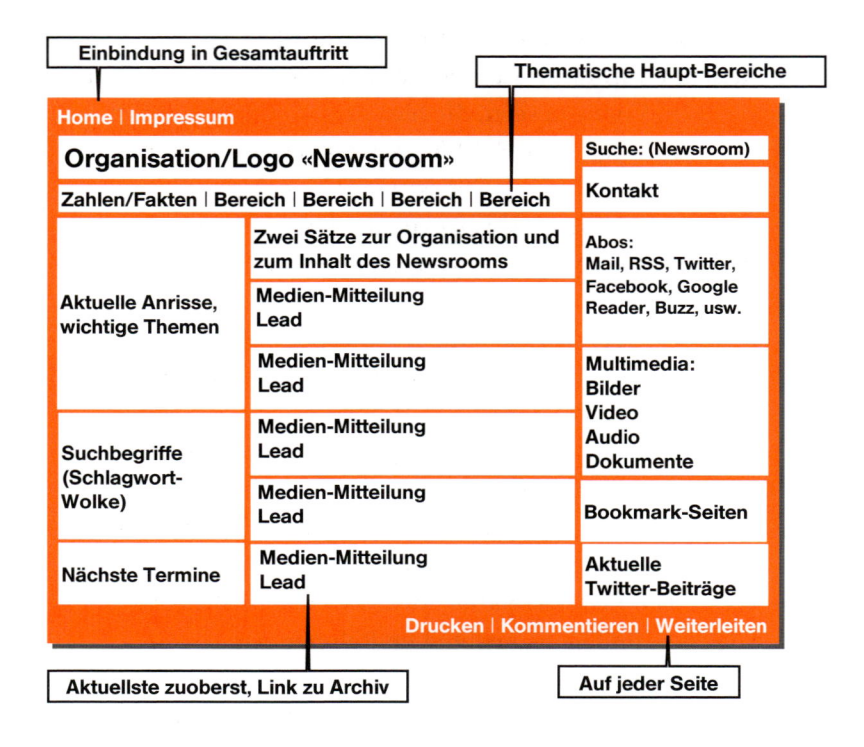

Einbindung in Gesamtauftritt		Thematische Haupt-Bereiche	
Home | Impressum			
Organisation/Logo «Newsroom»			Suche: (Newsroom)
Zahlen/Fakten | Bereich | Bereich | Bereich | Bereich			Kontakt
Aktuelle Anrisse, wichtige Themen	Zwei Sätze zur Organisation und zum Inhalt des Newsrooms		Abos: Mail, RSS, Twitter, Facebook, Google Reader, Buzz, usw.
	Medien-Mitteilung Lead		
	Medien-Mitteilung Lead		Multimedia: Bilder Video Audio Dokumente
Suchbegriffe (Schlagwort-Wolke)	Medien-Mitteilung Lead		
	Medien-Mitteilung Lead		Bookmark-Seiten
Nächste Termine	Medien-Mitteilung Lead		Aktuelle Twitter-Beiträge
		Drucken | Kommentieren | Weiterleiten	
Aktuellste zuoberst, Link zu Archiv		Auf jeder Seite	

Abbildung 11, Social Media Newsroom Vorlage (Marcel Bernet)

Ressourcen: mindestens 50 Prozent

Die laufende Pflege des klassischen Mediencorners ist auf Seite 50 sehr zurückhaltend auf mindestens 20 Prozent veranschlagt. Das Bespielen eines Social Media Newsrooms und der damit verbundenen Außenstellen wird ebenso zurückhaltend mindestens eine halbe Stelle beanspruchen. Oder mehr, je nach Anzahl Mitteilungen, Multimedia-Inhalten und externen Plattformen.

Social Media Newsroom als Dienstleistung

Die klassischen Anbieter für den Versand von Pressemitteilungen oder deren Platzierung auf Online-Portalen stellen sich auch auf die neuen Formate ein. Social Media Newsrooms bieten im deutschsprachigen Raum news aktuell in Kooperation mit PR Newswire, Mediaquell, Newsroom oder Newsroomwizard[39]. Weitere Anbieter werden auftauchen, in den USA ist www.mymediaroom.com einen Besuch wert.

Der Vorteil liegt in einer kostengünstigen, standardisierten Programmierung – verbunden mit der Tatsache, dass diese Dienste in der Regel auf einer separaten Internet-Adresse laufen, mit einem eigenen Redaktionssystem. Das kann ein Vorteil sein, wenn die interne Informatik die verlangten Systeme so schnell nicht aufbauen kann. Der Nachteil liegt in der fremden Internet-Adresse und den unterschiedlichen Systemen für das Abfüllen von Newsroom und Firmenseite.

Achten Sie bei der Wahl eines externen Newsroom auf
- Vertrauenswürdigkeit / Geschäftsmodell: Hat die Plattform Zukunft? Eine Reputation, die Ihren Zielen entspricht?
- Initialkosten und damit verbundene Pakete / Module,
- Flexibilität von Abo- und Suchfunktionen,
- Unterhaltskosten und Regelung für Preisänderungen,
- Auswertungen des Abfrageverhaltens, Beispiel-Reports,
- Vorgehen bei Vertragsauflösung: Übernahme der Inhalte samt externen Plattformen von Flickr bis YouTube, Internet-Adressen und Abonnenten-Listen.

Social Media Plattformen

Acht Punkte für jede Social Media Strategie

«Social Media Tools werden Sie schnell und gründlich überwältigen. Da ist immer ein glänzendes neues Ding.»
Brian Solis[40]

Die nächsten Kapitel besuchen weitere Zielorte der Social Media Landkarte von Seite 10, die für Ihre Medienarbeit wichtig sein können. Bei der Evaluation der vielen glänzenden Tools stellen sich zwei grundsätzliche Fragen:
- Wie nutzen Medien und Meinungsmacher diese Plattformen?
- Wie lässt sich der Einsatz von Social Media optimieren?

Medienschaffende nutzen Social Media
Journalistinnen und Journalisten nutzen Social Media für ihre Arbeit. Drei Studien aus Österreich[41], der Schweiz[14] und den USA[42] vermitteln interessante Anhaltspunkte.

Soziale Netzwerke erreichen Nutzungswerte zwischen 43 und 65 Prozent. Wesentlich heterogener zeigt sich die Akzeptanz von Blogs – 89 Prozent der amerikanischen Medienschaffenden besuchen sie, gegenüber 41 und 34 Prozent für Österreich und die Schweiz. Das wesentlich kleinere Blog-Angebot dürfte zu diesen tiefen Werten führen. Geradezu marginal ist die journalistische Nutzung von Twitter in der Schweiz; die 6 Prozent entstanden auf die Frage nach «wichtigen» und «sehr wichtigen» Angeboten. Der große Unterschied wird auch an der Fragestellung liegen: In

Österreich und den USA ging es um die generelle Nutzung, ohne Angabe von Wichtigkeit. Wikipedia schließlich erhält durchgängig starken Besuch, zum ersten Mal liegen die amerikanischen Werte hier am tiefsten.

Social Media Nutzung durch Medien

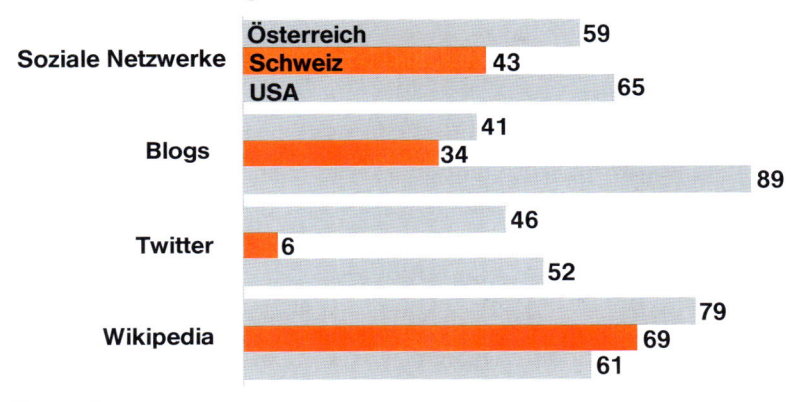

Medium	Österreich	Schweiz	USA
Soziale Netzwerke	59	43	65
Blogs	41	34	89
Twitter	46	6	52
Wikipedia	79	69	61

Prozent
Schweiz: «wichtig»/«sehr wichtig»   Österreich, USA: Nutzung

Abbildung 12, Social Media Nutzung durch Medien
(A: APA OTS/Marketagent-Studie Social Media und Web 2.0 im journalistischen Alltag 2010, CH: Bernet/IAM-Studie Journalisten im Internet 2009, USA: George Washington University/Cision Social Media & Online Usage Study 2009)

Twitter und Facebook für Recherche und Verbreitung

Wenn Facebook, Blogs, Twitter und andere Plattformen für die journalistische Arbeit eingesetzt werden – wo liegt der Fokus? In dieser Frage sind die vorhandenen Studien schlecht vergleichbar. Trotzdem lassen sich generelle Aussagen ableiten. Sie basieren einerseits auf Erhebungen und andrerseits auf einer Logik, die auch für private Besuche auf diesen Plattformen gilt: Der Inhalt, den man findet, definiert den Einsatz.

Journalistinnen und Journalisten suchen auf Social Media vorwiegend
- Zusatzinformationen im Rahmen von Recherchen,
- Angaben zu thematischen Trends,
- Ideen für Artikel,
- neue Perspektiven für Geschichten.

Auf Netzwerken wie Twitter, Facebook, Xing oder LinkedIn stehen zusätzlich im Vordergrund
- Vernetzung mit möglichen Informationsquellen,
- Suche von Antworten und Fallbeispielen,
- Verbreiten von Geschichten.

Die journalistische Nutzung dieser Instrumente wird zunehmen – und sie wird sich verändern. BBC World News verlangt den Einsatz von Social Media von allen Mitarbeitenden, für Recherche und Leserdialog[43]. Mashable illustriert in einem Beitrag[44] verschiedene journalistische Anwendungen: Associated Press nutzt Facebook für laufende Recherchen rund um Geschichten, die auf dieser Plattform stark kommentiert und weiter gereicht werden. USA Today setzt Twitter-Dialoge gezielt ein, um aktuelle Geschichten zu entdecken. Verschiedene Medien nutzen Twitter, Facebook oder Blogs, um Fragen zu stellen und Artikel vorzubereiten.

Alle Menschen sind potenzielle Beeinflusser; sie bewerten, kommentieren und empfehlen. Aktiv ansprechen können Sie die Medienschaffenden von klassischen und neuen Kanälen sowie ausgelesene Online-Multiplikatoren mit hoher Reichweite. Ihre Strategie hat sich auf diese aktive Ansprache zu fokussieren; dazu gehört auch eine klare Vorstellung über die Bedürfnisse und Wünsche dieser Zielgruppen.

Acht Fragen für Social Media Konzepte

Wer Social Media Plattformen für die Medienarbeit einsetzen will, steht vor diesen acht Fragen:

1. Was ist das Ziel?
2. Mit wem wollen wir sprechen – und wer mit uns?
3. Was bieten wir?
4. Wie hören wir zu?
5. Wie sichern wir den Dialog?
6. Wie ist das eingebettet?
7. Wer hat die Ressourcen?
8. Wie messen wir den Erfolg?

Dieselben Fragen können Marketing oder Promotion auf Social Media definieren. Die Antworten werden natürlich nicht dieselben sein. Hier die grundlegenden Faktoren aus Sicht der Medienarbeit.

1. Was ist das Ziel?
Wer die Wahl unter vielen bunten Smarties hat, der nascht einfach mal mit. Social Media Plattformen strafen sofort: Der Aufwand für erfolgreiches Mitmachen ist groß, das Publikum reagiert unerbittlich auf schlecht geführte Dialoge. Wer nicht definiert, was eine neue Plattform zur bisherigen Medienarbeit beitragen soll, ist verloren. Ziele müssen konkret, messbar und realistisch sein. Beachten Sie bei der Ausformulierung die starke Verbindung mit Frage 7 zur Einbettung in ein Ganzes.

2. Mit wem wollen wir sprechen – und wer mit uns?
Auch wenn alle mitlesen und mitreden können: Am Anfang steht das bewusste Setzen von Prioritäten. Wer ist auf dieser Plattform

präsent? Wer davon ist für unsere Medienarbeit wichtig, worauf richten wir uns aus?

Die zweite Seite dieser Frage verdanken wir dem Mitmachweb – wo früher das Senden dominierte, wird heute mehr hingehört. Im Falle der Medienarbeit: Wollen Medien und Meinungsmacher sich wirklich auf Flickr mit uns austauschen? Was sind die Treiber dieser Plattformen, was erwartet die Gemeinschaft als Beitrag?

3. Was bieten wir?
Entscheidend sind Relevanz, Aktualität und Kontinuität; ausgerichtet auf die priorisierten Ansprechpartner. Als Beispiel: Wenn Medien und Meinungsmacher Flickr besuchen, und wenn Sie dort interessante Bilder zu bieten haben – dann, und nur dann, können Sie die eingangs gesetzten Ziele mit einer Bespielung dieser Plattform erreichen. Sie müssen den versammelten Kern-Zielgruppen genau das bieten, was sie dort suchen. Aktuell und kontinuierlich gepflegt.

4. Wie hören wir zu?
Zumindest reingehört haben Sie schon eine Weile – denn anders könnten Sie alle diese Fragen gar nicht beantworten. Im Konzept geht es darum, Zuhören langfristig zu verankern: Wer besucht die Plattform mindestens täglich? Wie gelangen Kommentare, Bewertungen an die richtigen Stellen, auch bei Abwesenheiten? Wie werden Antworten vorbereitet?

5. Wie sichern wir den Dialog?
Dialog auf Social Media ist eine Frage des Gesprächs und des Eingehens auf Anliegen. Die Konversation findet statt über das schnelle Quittieren oder Beantworten von Fragen, Kommentaren,

Bestellungen, Rückmeldungen. Auf Anliegen eingehen heißt, Handlungen auslösen. Gespräch und Engagement verlangen eine offene Grundeinstellung – und geklärte Zuständigkeiten.

6. Wie ist das eingebettet?
Jede bespielte Plattform hängt ab vom Gesamtbild, in das sie sich einbringt. Flickr und YouTube können ideale Ergänzungen des Social Media Newsrooms sein – der wiederum den klassischen E-Mail-Versand von Medienmitteilungen ergänzt. Vernetzung und Verlinkung sind Voraussetzung für Erfolg.

7. Wer hat die Ressourcen?
Inhalte, Zuhören, Dialog und Vernetzung – oder die Antworten auf die Punkte 4 bis 7 – bestimmen die Zeit, die Sie für den Betrieb einer Plattform benötigen. Denken Sie dabei auch an mögliche Spitzenzeiten in Krisen, die Stellvertretung und den Aufwand für die strategische Evaluation und Optimierung. Eine Gesamtsicht aller in diesem Buch getroffenen Annahmen zeigt «Ressourcen: schnell bis zwei Stellen», Seite 160.

8. Wie messen wir den Erfolg?
Evaluation gehört ans Ende jedes Konzepts. Sie schärft Zielformulierungen, sichert deren Erreichen und sorgt für periodische Verbesserungen.

Social Media Plattformen

Von Slideshare bis YouTube: mehr Reichweite für Inhalte

**«Teilt das mit euren Freunden – ihr seid die Medien.»
Aufruf zu YouTube-Videos, Iran 2009**

Die Szenen der Proteste in den Straßen Teherans und deren Niederschlagung nach den Wahlen im Juni 2009 erreichten ein breites Publikum und umgingen das staatliche Medienmonopol[45]. Heute werden jede Minute 24 Stunden Videomaterial auf YouTube hochgeladen[46], das Weiße Haus[47] oder das World Economic Forum[48] pflegen eigene Videokanäle auf dieser Plattform.

Dieses Kapitel behandelt verschiedene Plattformen für den Austausch von Ton, Links, Dokumenten, Fotos oder Videos. Es vermittelt Anhaltspunkte für den Ausbau der Medienarbeit auf diese Felder der Social Media Landkarte.

Sie erhalten Antworten auf die Fragen
– welche Inhalte sich besonders für Meinungsbildung eignen,
– welche Plattformen relevant sind,
– worauf bei der Einrichtung zu achten ist.

Außenstellen für mehr Reichweite
Online-Portale für den Austausch von Daten erfreuen sich hoher Beliebtheit – immer wieder tauchen neue Angebote auf, andere verschwinden. Dieses Buch konzentriert sich auf die bekanntesten Angebote im deutschsprachigen Raum.

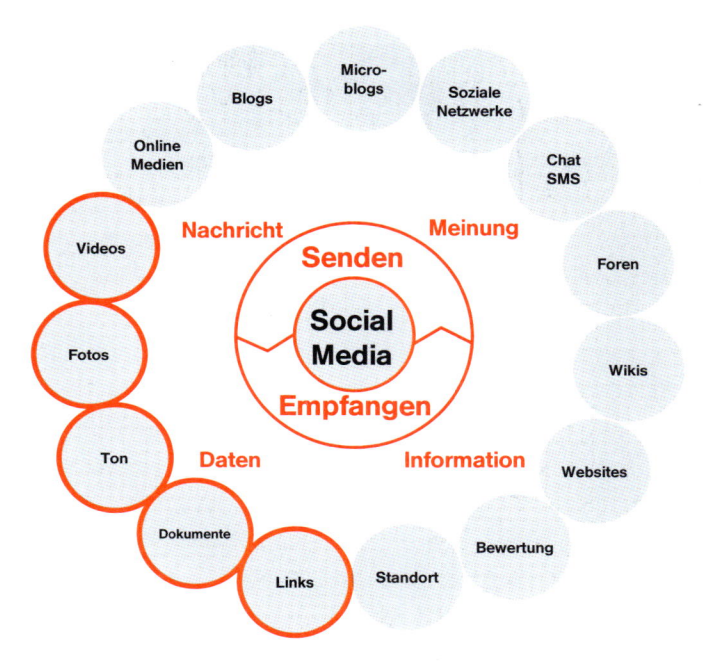

Abbildung 13, Social Media Landkarte – Plattformen für Datenaustausch
(Marcel Bernet)

Es betrachtet Märkte, auf denen es sich lohnen kann, mit einer eigenen Filiale präsent zu sein. Weil sich hier eine Gemeinschaft trifft, die an Ihren Inhalten und einem Gespräch interessiert sein kann.

Videos, Bilder, Audio-Podcasts, Dokumente und Links lassen sich auch auf dem großen Marktplatz von Facebook platzieren – hier aber sind Plattformen vorgestellt, die sich auf bestimmte Inhalte konzentrieren. Dadurch sind sie besser geeignet für übersichtliche, schnell durchsuchbare Archive und das Hochladen von größeren Informationsmengen. Und von hier aus lassen sich die Inhalte je nach Bedarf zusätzlich auf Facebook einbinden.

Und natürlich sind die Filme, Fotos und Tonträger aus den verschiedenen Außenstellen auch mit dem Hauptsitz ihrer Organisation verbunden; eingespielt in den eigenen Mediencorner, Social Media Newsroom, Blog oder andere relevante Websites.

Der Preis der Sichtbarkeit
Das Einrichten, Beliefern und Bedienen dieser Außenstellen bringt Chancen, Risiken und Aufwand:

Vorteile
- bessere Sichtbarkeit und höhere Reichweite für Inhalte,
- bessere Platzierung in Suchmaschinen,
- Austauschmöglichkeit über Kommentar und Bewertung,
- kostengünstige Infrastruktur für die Datenspeicherung.

Nachteile
- Abhängigkeit von den Bedingungen des Betreibers,
- allenfalls Werbeplatzierungen des Betreibers,
- Aufwand für die Pflege der Inhalte,
- Aufwand für Monitoring und Dialog.

Gerade in Krisensituationen kann es von Vorteil sein, eine Stimme zu haben, die schneller gehört und gefunden wird – und die authentisch und offen auf Fragen und Klagen eingeht. Das heißt aber auch, dass man nicht einfach ein paar Filmchen hochlädt, alles ruhen lässt und nicht beachtet, was an Kommentaren platziert wird.

Bei allen externen Plattformen ist man abhängig vom Geschäftsmodell des Betreibers, der Reputation, der Entwicklung der Besucherzahlen, den Bedingungen für Programmierung, Einrichten und Pflege.

Inhalte: gefragt ist Mehrwert
Die Frage nach den richtigen Inhalten ist der Kern jedes Gesprächs. Links, Präsentationen, Podcasts, Bilder und Videos, die beim Publikum ankommen, sind...

...eine Bereicherung
Die Medien und Meinungsmacher haben bereits Ihre Medientexte gelesen. Als Ergänzung dazu muss zum Beispiel ein Video Aspekte vertiefen, unterhaltsam in Szene setzen, sich für das Einbetten in ein Online-Magazin oder Blog eignen – also auch für die Leserinnen und Leser Ihrer Adressaten einen Mehrwert bieten. Versetzen Sie sich aus Ihrer Sender-Optik immer wieder in die Rolle der Empfänger: Was erwarten die Adressaten? Welcher Inhalt bringt ihnen den größten Zusatznutzen?

...klar
Klarheit ist ein wertvolles Gut im Zeitalter der Informationsüberlastung. Aufmerksamkeit und Zufriedenheit erreicht man mit klar strukturierten Inhalten, einem stringenten Ablauf, eindeutigen Dateinamen, Inhaltsverzeichnis, Zusammenfassung zu Beginn, Zwischentiteln und einzeln abrufbaren Episoden. Online-Leserinnen und Leser wollen schon vor dem Download einer Powerpoint-Präsentation oder eines Videos wissen, was auf sie zukommt. Und dann genau das Versprochene erhalten.

...kurz
Im Wettlauf der Botschaften bringt Kürze einen Vorsprung. Das müssen die redaktionellen Konzepte für Podcasts, Videos oder Präsentationen berücksichtigen. Längere Versionen enthalten eine Zusammenfassung als Einstieg oder lassen sich in Portionen abrufen.

Die Aufbereitung von Inhalten mit diesen Ansprüchen ist anspruchsvoll und zeitintensiv. Sie kann nur gelingen, wenn ein einfaches redaktionelles Konzept Ziele, Ansprache und Umsetzung festhält. Ohne diese Vorarbeit werden zumindest keine ansprechenden Audio-Podcasts oder Videos entstehen. «Die alten und neuen Regeln guter Medienarbeit» von Seite 19 bringen weitere Anstöße für mediengerechte Inhalte.

«Diese Gespräche finden statt, ob man es mag oder nicht. Will man dabei sein oder nicht? Ich sage: Ja. Man kann daraus lernen, seine Reaktionszeit verbessern. Und man kann ein besseres Unternehmen werden beim Zuhören und Teilnehmen an dieser Konversation.»
Michael Dell im Interview mit Jeff Jarvis[49]

Links: Mr. Wong und Delicious

Plattformen für den öffentlichen Austausch von Web-Adressen fristen im deutschsprachigen Raum immer noch ein Schattendasein. Weniger als zwei Prozent der Schweizer Medienschaffenden nutzen Social Bookmarks[14]. In einer weiteren Studie[32] erreichen diese Dienste elf Prozent der befragten Journalisten und Blogger aus der Schweiz, Deutschland und Österreich.

Entsprechende Angebote dürfen bei uns also mit einer etwas tieferen Priorität realisiert werden – zumindest aus Sicht der Kern-Adressaten. Anhaltspunkte für die Entscheidung bieten die acht Punkte für jedes Social Media Konzept:

1. Was ist das Ziel?
Social Bookmarking Plattformen bieten
– wertvolle Zusatzinformationen (wenn sie sorgfältig ausgewählt sind, immer aktuell gehalten werden, nicht nur auf Ihre eigenen Inhalte bezogen sind)
– zusätzliche Treffer für Ihre Inhalte (über Suchen auf Bookmark-Sammlungen, Suchmaschinen, höher rangierte Seiten durch mehr eingehende Links)
– allenfalls Dialog und Vernetzung (wenn auf den Plattformen aktiv Austausch gepflegt wird)

2. Mit wem wollen wir sprechen – und wer mit uns?
Im deutschsprachigen Raum hat www.mr-wong.de eine führende Position, die Plattform zählt zu den 80 meistbesuchten Seiten Deutschlands[50]. Weitere deutschsprachige Anbieter zeigt Wikipedia[51]. International führend ist www.delicious.com, der Dienst wurde 2005 von Yahoo übernommen.

Auf Mr. Wong sind nach eigenen Angaben[52] monatlich 2,19 Millionen Nutzerinnen und Nutzer, drei Viertel sind zwischen 20 und 49 Jahren alt, mehrheitlich höher gebildet und mit hoher Affinität zu Online-Einkäufen. Bookmarking-Dienste werden von Menschen genutzt, die viel Material online sammeln und digital versiert sind.

3. Was bieten wir?
Mehrwertig sind Links, die neue Welten öffnen. Thematisch klar sortiert, mit den passenden Schlagworten. Bei der Wahl dieser Tags richtet man sich am besten nach den auf der Plattform bereits stark verwendeten Begriffen. Sehr geschätzt sind kurze, erklärende Texte zum Inhalt des Links im Kommentarfeld – sie erleichtern den Nutzern die Auswahl der für sie geeigneten Inhalte.

4. Wie hören wir zu?
Durch mindestens wöchentliche Besuche. Die Einstellungen sind so zu wählen, dass Mitteilungen von der Plattform auch in die E-Mail gelangen.

5. Wie sichern wir den Dialog?
Wer sich als Buddie / Fan der Sammlung eingetragen hat, erhält ein kurzes Willkommen. Mitteilungen werden innerhalb von 24 Stunden beantwortet.

6. Wie ist das eingebettet?
Neue Bookmark-Einträge lassen sich unter anderem auf Twitter verbreiten, in die Facebook-Seite, in den Social Media Newsroom oder ein Weblog überspielen. Ob das sinnvoll ist, hängt vom Inhaltskonzept dieser Plattformen ab. Zu viele Tweets oder Pinnwand-Einträge können kontraproduktiv wirken.

7. Wer hat die Ressourcen?

Pro Medienmitteilung entstehen für die Recherche von Zusatzlinks, das Erfassen, mit Kurzkommentar und Schlagwort versehen 15 bis 30 Minuten – für eine geübte, mit dem Mitteilungs-Thema vertraute Person. Das ganze Bookmarking sollte bei einer Stelle verankert sein, das sichert Kontinuität und Effizienz. Bei zweimonatlich erstellten Pressetexten benötigt sie für Erfassen, Zuhören, das Schreiben von Antworten, die generellen Aktualisierungen 2 bis 5 Stunden pro Monat, aufgerundet 1 bis 3 Stellenprozente.

Hinzu kommen die laufende Evaluation und der einmalige Aufwand fürs Einrichten des Kanals, was maximal einen halben Tag beansprucht.

8. Wie messen wir den Erfolg?

Durch Erhebung der Anzahl Buddies / Fans, Anzahl der Besuche von diesen Sammlungen im Social Media Newsroom oder anderen Webseiten, allenfalls Art und Häufigkeit der Dialoge (werden eher selten sein).

Dokumente: Scribd und Slideshare

Präsentationen, Dokumentationen oder Studien bieten oft geschätztes Hintergrundmaterial. Der Link zum entsprechenden PDF gehört deshalb bereits in den ganz normalen Nur-Text-E-Mail-Versand.

Das PDF steht also zumindest auf dem eigenen Webserver. Da kann es im Original liegen – oder als Link aus einer externen Plattform eingeblendet. Soziale Plattformen für den Austausch von Dokumenten bieten verschiedene Zusatzdienste: Sie können zum Beispiel Powerpoint oder Keynote direkt darstellen oder zeigen eine Vorschau, durch die man sich ohne Download durchblättern kann.

1. Was ist das Ziel?

Dokument-Plattformen können
- die Organisation als Wissensträger profilieren,
- zusätzliche Kontakte, mehr Suchtreffer bringen,
- als übersichtliches, externes Archiv dienen.

2. Mit wem wollen wir sprechen – und wer mit uns?

Die größte Verbreitung genießen www.scribd.com und www.slideshare.com. Wer auch Keynote-Dokumente in der praktischen Direktansicht anbieten will, wird Slideshare wählen. Beide bieten gute Möglichkeiten, den eigenen Kanal zu gestalten, Unicef zeigt vorbildliche Präsenz[53] auf Scribd, Daimler setzt auf einen bezahlten, werbefreien Kanal[54] auf Slideshare. Dieser Kanal scheint eine größere Verbreitung auch außerhalb von Bildungskreisen zu haben; ebenfalls angeboten wird die Integration in Xing und LinkedIn. Slideshare bietet neu Video-Uploads an, Scribd stellt von Flash auf HTML5 um. So wird es laufend Veränderungen im Vergleich der beiden Plattformen geben.

Durch Suchmaschinen-Treffer können alle auf diese Plattformen gelangen. Gezielt genutzt werden sie von einem recherchierenden, wissensorientierten Publikum mit starker Affinität zu Technologie, Mobilität, Social Media.

3. Was bieten wir?

Klar verschlagwortete, eindeutig benannte und kurz beschriebene PDF, Word, Excel, OpenDoc, Powerpoint, Keynote-Dokumente; je nach aktuellen Formatoptionen.

4. Wie hören wir zu?
Durch mindestens wöchentlichen Besuch, das Abrufen von Meldungen, Erfassen von neuen Abonnenten oder favorisierten Dokumenten.

5. Wie sichern wir den Dialog?
Durch Beantworten von Mitteilungen, Quittieren von Rückmeldungen zu Dokumenten. Wer einen vertieften Austausch anstrebt, kommentiert oder favorisiert interessante Präsentationen von Dritten, die interessante Bezüge zur eigenen Organisation bieten.

6. Wie ist das eingebettet?
Schnittstellen zu Facebook und Twitter sind Standard. Hochgeladene Dokumente können in Social Media Newsroom, Blog oder Website eingebettet werden und sind in einem Vorschaufenster sichtbar. Natürlich geht's auch nur mit einem Link, Beispiele entsprechender Varianten auf dem bernetblog[55].

7. Wer hat die Ressourcen?
Die Dokumente werden in der Regel sowieso erstellt, deshalb ist hier nur die Zeit veranschlagt für das Hochladen, Verschlagworten und Anreichern mit einem Kurzkommentar. Pro Dokument ist mit maximal 15 Minuten zu rechnen. Für wöchentliche Besuche, Reaktionen auf Mitteilungen und Feedbacks, allenfalls vertiefte Vernetzung, Bildung von Gruppen oder das Ausschreiben von Anlässen sollten 1 bis 4 Stunden monatlich ausreichen. Bei vier Dokumenten pro Monat entsteht ein Aufwand von 2 bis 5 Stunden oder aufgerundet 1 bis 3 Stellenprozenten.

Der einmalige Aufwand für das Einrichten des eigenen Kanals liegt bei einem halben bis maximal einem Tag pro Plattform. Separat zu berücksichtigen ist die Zeit für periodische Evaluation und Neuausrichtung.

8. Wie messen wir den Erfolg?
Durch Erfassen der Anzahl Besuche und Downloads von Dokumenten. Wichtig ist hier, dass Nutzer bereits bei einem Besuch einen Ausdruck erstellen können (in den Einstellungen lassen sich Ausdrucke und Downloads sperren oder erlauben). Also zählen auch reine Besuche. Mit einem Download sichern sich Besuchende eine Kopie auf eigenen Datenträgern.

Ton: iTunes und Podcast.de
Tonträger sind persönlicher als Powerpoint-Folien, kostengünstiger zu produzieren als Videos und sie können nebenbei konsumiert werden. Podcasts haben dank iTunes und iPod hohe Beliebtheit erlangt, die Audio-Dateien samt RSS-Abo sind aber auch auf anderen Plattformen und zahlreichen Endgeräten einfach zu abonnieren. Sehr aktiv sind natürlich Radio-Stationen, die ihre Inhalte auf diesem Weg zum Einzelkonsum anbieten, unabhängig vom Sendetermin.

Auch Unternehmen setzen auf dieses Medium: Ein Fünftel der Fortune500-Unternehmen produziert Podcasts[56]. «Radio Nestlé»[57] nennt sich die Übersicht aller Tonträger des Konzerns, für Medien, Investoren und Konsumenten. Die BMW Gruppe überträgt ihre Investorenkonferenzen über iTunes[58], die Deutsche Telekom bietet auf derselben Plattform Produktneuheiten [59] im Abo.

1. Was ist das Ziel?
   - Vermitteln von informativem Mehrwert,
   - zusätzliche Kontakte oder Vertiefen bestehender Bindungen.

2. Mit wem wollen wir sprechen – und wer mit uns?
Im Vordergrund steht der Zusatznutzen für Medien und Meinungsmacher. Denn eines ist klar: Deren Aufmerksamkeits-Budget wird arg strapaziert. Fünf Meldungen auf dem Anrufbeantworter, fünfzig in der Mailbox – und jetzt drängen sich noch Podcasts in die Warteschlange. Zu Beginn hört man vielleicht aus Neugier rein. Schnell gespült wird, was keinen Mehrwert bringt.

Podcasts werden gemäß einer 2007 publizierten Studie[60] im deutschsprachigen Raum eher von Männern gehört (82 Prozent), das Durchschnittsalter beträgt 29 Jahre. Bezüglich Hörmotivation liegt Unterhaltung (86 Prozent) vor Information (82 Prozent) und Weiterbildung (46 Prozent).

Unter den Plattformen für den Austausch hat sich iTunes von Apple eine dominante Position ergattert. Zur Erhöhung der Reichweiten sind für deutschsprachige Inhalte Zusatzplatzierungen auf Podcast.de und Podster.de sinnvoll. Für Österreich bietet sich Podcast.at an, in der Schweiz kommt Radioland.ch in Frage. Mehr Hintergrund zu Technik, Produktion und Beispielen bieten die deutschsprachige Wikipedia[61], Podcast.de Support[62] oder eine Podcasting-Umfrage im deutschsprachigen Raum[63].

3. Was bieten wir?
Mitschnitte von Anlässen oder redaktionell aufbereitete Hörfolgen mit hoher Qualität. Denn die Konkurrenz ist groß, wie ein Blick zeigt in die Business-Podcasts auf iTunes[64], die Kategorie Wirtschaft auf Podcast.de[65] oder die Business-Anbieter auf Podster.de[66].

4. Wie hören wir zu?
Durch das Lesen von Kundenrezensionen oder Kommentaren auf den Plattformen, Anbieten von Feedback-Möglichkeiten im eigenen Mediencorner, regelmäßiges Einholen von Rückmeldungen in direkten Kontakten.

5. Wie sichern wir den Dialog?
Am direktesten sind Aufforderungen zum Austausch direkt im Tonträger – wenn sie redaktionell passen und nicht zu oft erfolgen. Hinzu kommt das Beantworten von Kommentaren auf den Plattformen oder im direkten Dialog.

6. Wie ist das eingebettet?
Audio-Podcasts sind Teil eines Gesamtkonzepts der Medienarbeit, insbesondere abgestimmt auf Video-Podcasts, auch Vodcasts genannt.

7. Wer hat die Ressourcen?
Das Erstellen einer Hörfolge hängt natürlich sehr vom redaktionellen Konzept und der Länge ab: Ist es ein reiner Mitschnitt einer Investoren-Konferenz, so fallen 4 bis 8 Stunden an für Aufnahme, Überarbeitung und Web-Bereitstellen – für eine geübte Person und nach dem Einrichten aller Kanäle und Abläufe. Einfache Episoden mit nur einer Sprechperson und ohne aufwändige Recherchen oder eingespielte Interviews sind ebenfalls in 4 bis 8 Stunden realisierbar. Hinzu kommen Besuche der bespielten Plattformen, Auswerten und Beantworten von Rückmeldungen, laufende Evaluation und Optimierung.

Für die Betreuung eines Podcasting mit einer einfachen Episode pro Monat sind 5 bis 10 Stellenprozente einzusetzen: 4 bis 8 Stunden für die Produktion und 4 bis 8 für Dialog und Kanalpflege.

Aufnahme, Schnitt und Produktion können natürlich auch an Spezialisten ausgelagert werden.

8. Wie messen wir den Erfolg?

Direkt messen lassen sich nur alle Downloads von Dateien ab dem von Ihnen gewählten Server. Vielleicht liegen die Orignal-Files auf dem eigenen Webhosting, eventuell bei spezialisierten Podhosts[67]. Achten Sie auf ausreichende Statistikmöglichkeiten. iTunes gibt keine Daten weiter, die Spezifikations-Seite[68] erklärt wieso und gibt Hinweise für allenfalls auf Auswertungen zugeschnittene Episoden-Adressen. Hinweise können aber folgende Fakten bieten: Rankings auf den Plattformen, Kommentare, Bewertungen[69].

Fotos: Flickr

Bilder haben ihren festen Platz in der Pressearbeit, im Mediencorner zählen sie zu den sieben Basics. Auch hier öffnet das Mitmach-Web neue Marktplätze für Präsenz und Austausch. Die weltweit führende Plattform Flickr.com wurde 2005 von Yahoo übernommen. Täglich werden drei Millionen neue Bilder gespeichert, was ein Foto-Album mit 375.000 Seiten füllen würde[70]. Die wohl zweitgrößte Online-Photosammlung Picasa.com ist weniger auf Austausch ausgerichtet und wird deshalb kaum für die Online-Medienarbeit eingesetzt. Der Google-Dienst ist nur für registrierte Nutzer sichtbar; Fotografen bietet er im Vergleich[71] zu Flickr günstigeren Speicherplatz und verschiedene Zusatzfunktionen. Auch Facebook ermöglicht das Hochladen von Bildern, diese Alternative empfiehlt sich für den engeren Austausch mit der dort gepflegten Gemeinschaft. Die Inhalte von Flickr lassen sich auf Facebook verlinken. Seit kurzem können auch Videos auf Flickr gespeichert werden, sie müssen aber sehr kurz sein.

Zum täglich wachsenden Flickr-Album kommen auch Fotos von der Feriendestination Südtirol[72], Greenpeace[73] oder der Deutschen Bank[74]. Eine Flickr-Suche mit dem Namen Ihrer Organisation wird zeigen, ob andere schon für eine Präsenz Ihrer Marke gesorgt haben.

1. Was ist das Ziel?
   – Ausbau der Online-Reputation durch Bilder, Grafiken und den damit verbundenen Dialog,
   – Erhöhen der Sichtbarkeit des Bildmaterials und damit der Marke, Organisation, Kampagne,
   – mehr Übernahme von Bildern in Medien und Social Media, verbunden mit zusätzlichen Links zur Organisation,
   – mehr Besuche in Mediencorner, Social Media Newsroom, anderen Websites.

2. Mit wem wollen wir sprechen – und wer mit uns?
Im Rahmen der Meinungsbildung interessieren in erster Linie Medienschaffende und meinungsführende Social Media Publizisten. Sie wollen auf Flickr Bildmaterial finden oder landen über andere Suchmaschinen hier. Darüber hinaus bieten sich Kontaktchancen mit der ganzen Online-Öffentlichkeit.

3. Was bieten wir?
Bilder, die Geschichten erzählen, unterhalten, professionell gemacht sind, Newswert bieten. Folgende Punkte sind zu beachten:
   – Auflösung 300dpi für die Weiterverwendung in Printprodukten. Kleine Vorschauen erzeugt Flickr automatisch.
   – Mit einem Pro-Account können mehr Bilder geladen werden, der Speicherplatz erhöht sich, der Auftritt bleibt werbefrei.

- Aussagekräftige Dateinamen sind sehr wichtig – «00001.jpg» verwirrt Nutzer und Suchmaschinen, «*Hotellobby mit Bar.jpg*» trifft. Kurze Bildkommentare sind hilfreich.
- Schlagworte / Tags erleichtern die Suche und Ordnen die Inhalte, wie die Schlagwort-Wolke des Weißen Hauses[75].
- Bilder sind in «Alben» zu organisieren, die sich in «Galerien» einbetten lassen. Diese Strukturierung führt als Nebeneffekt zu besserer Präsenz auf Suchmaschinen.
- Im Mediencorner stark gesuchte Bilder werden auch auf Flickr mehr Besuche erhalten. Welche Bilder oder Grafiken würden Flickr-Besucher suchen?
- Die Verbindung mit relevanten Flickr-Gruppen bringt zusätzliche Kontakte und zeigt Engagement in der Gemeinschaft. So kann sich ein Hotel mit einer Wander-Gruppe, einer Region verbinden und dort allenfalls relevante Bilder direkt beitragen.
- Je offener die Rechte, desto eher werden Bilder weiter gereicht und publiziert. Wer den Einstieg in Social Media Ernst meint, lässt los. Mit jedem Foto-Download sind natürlich auch mehr Foto-Veränderungen möglich oder andere Dinge, die einer Organisation nicht gefallen. Für die Festlegung der Copyrights sind die einfachen Rahmenbedingungen von CreativeCommons.org[76] am besten geeignet.

Treffen Sie eine strategische Entscheidung bezüglich Copyrights. Wichtig ist wie immer deren Durchsetzung. Ein Beispiel enger Urheberrechte bietet das Weiße Haus: «*This official White House photograph is being made available only for publication by news organizations and/or for personal use printing by the subject(s) of the photograph. The photograph may not be manipulated in any way and may not be used in commercial or political materials, advertisements, emails, pro-*

products, promotions that in any way suggests approval or endorsement of the President, the First Family, or the White House.»

4. Wie hören wir zu?
Benachrichtigungen lassen sich so einrichten, dass alle relevanten Aktivitäten zu einer E-Mail-Meldung führen. Damit ist eine schnelle Reaktion möglich.

5. Wie sichern wir den Dialog?
Mit der Reaktion auf eingehende Aktivitäten und mindestens zwei bis vier Besuchen pro Monat. Sie dienen dem Auffinden von Gruppen, Einsehen von Fotosammlungen wichtiger Kontakte samt Eingabe von Feedbacks oder Bewertungen, dem Austausch von Bildern.

6. Wie ist das eingebettet?
Die gezeigten Bilderwelten entsprechen einer Gesamtsicht, flankieren andere Inhaltsformen und sind verlinkt mit Mediencorner oder Newsroom und eingebettet in weitere Social Media Plattformen.

7. Wer hat die Ressourcen?
Das Hochladen der Bilder ist einfach, es existieren zahlreiche Hilfsprogramme[77]. Für das Bereitstellen von Bildern samt Verschlagwortung, Kurzkommentar, Organisieren in Alben und Gruppen (Annahme: zweimal monatlich je 5 Bilder), Antworten, Gespräche, regelmäßige Vernetzung und den Abruf der Statistik sind pro Monat mindestens 4, bei intensivem Dialog 8 Stunden einzusetzen. Das entspricht 2,5 bis 5 Stellenprozenten.

8. Wie messen wir den Erfolg?

Die Auswertungen dieser Plattform sind vorbildlich, Benutzer mit Pro-Account erhalten Angaben getrennt nach Flickr-internen Besuchen oder von extern zugewiesenen Klicks. Man erfährt, wie man gefunden wird und kann Statistiken pro Foto und nach Zeiträumen abrufen. Zusätzlich relevant sind Kontakte, Kommentare, Bewertungen, von Flickr erhaltene Besuche auf eigene Webseiten.

Videos: YouTube, Vimeo und Sevenload

Gemäß Allensbach-Instiut nutzen zwei Fünftel der Deutschen das Internet, um sich Audio oder Video-Podcasts herunterzuladen[78]. Die ARD-ZDF-Onlinestudie ermittelt ebenfalls für 2009 sogar drei Fünftel als Abrufer von Videodateien[79]. comScore meldet 36 Millionen deutsche Internet-Nutzer, die sich im August 2009 mindestens ein Video online angeschaut haben. Die durchschnittliche Verweildauer stieg um 86 Prozent auf 16 Stunden, angeschaut wurden in diesem Monat 6,4 Milliarden Videos[80]. Die Zahlen zeigen die hohe und steigende Akzeptanz bewegter Bilder im breiten Online-Publikum. Für die Medienarbeit interessiert das Verhalten von Journalistinnen und Journalisten:

Online-Video: Nutzung durch Medien

Österreich	76
Schweiz	55
USA (YouTube und Flickr)	58

Nutzung in Prozent, gerundet

Abbildung 14, Online-Video: Nutzung durch Medien (A: APA OTS/Marketagent-Studie Social Media und Web 2.0 im journalistischen Alltag, 2010; CH: Bernet/IAM-Studie Journalisten im Internet, 2009; USA: George Washington University/Cision Social Media & Online Usage Study, 2009)

In den USA geben 58 Prozent der Medienschaffenden an, Flickr oder YouTube für ihre Recherchen zu nutzen, die Mehrheit tut dies ein bis zweimal pro Monat[81]. In der Schweiz nutzen 55 Prozent der Journalisten Video-Portale für ihre Arbeit[13]. Eine österreichische Studie schließlich zeigt, dass drei Viertel der Redaktionen Videomaterial für Recherchen nutzen, ein Drittel tut dies täglich[82].

Online-Medien, Meinungsmacher und Konsumenten werden vermehrt Videos nachfragen, anschauen und weiterleiten. Je größer das Angebot, desto wichtiger wird Qualität. Dabei darf heute die Kamera durchaus mal wackeln – wichtig sind gute Ideen, ein klares inhaltliches Konzept, Kontinuität und ein authentischer Auftritt.

Knapp ein Drittel der Fortune500-Unternehmen setzten 2009 Video auf ihren Blogs ein, 10 Prozent mehr als im Vorjahr[56]. Ein gutes Beispiel für anspruchsvolles Video gibt die Dräger AG. Sie besucht freiwillige Feuerwachen in Deutschland. Dort werden kleine Spots über deren Arbeit gedreht, siehe www.draeger.com oder www.youtube.de (Suchworte «Dräger», «Feuerwehrreporter»).

Interessante Beispiele meinungsorientierter Video-Strategien liefern Angela Merkel auf Bundeskanzlerin.de, der Schweizer Politiker Christoph Blocher mit Teleblocher.ch, die Deutsche Telekom im klassischen Mediencorner[83], ein Schweizer Energiekonzern auf Alpiq.tv, der YouTube-Newsroom[84] des OTTO Versands oder die Reportagen auf www.draeger.com/feuerwehrreporter.

Videos können speziell für Medien aufbereitet sein, Live-Übertragungen von Anlässen als Web-Streaming enthalten oder als sogenannte Screencasts gefilmte Bildschirmanleitungen enthalten.

Unter den Austauschplattformen ist das 2005 gegründete und ein Jahr später von Google gekaufte YouTube der unerreichte Platzhirsch: 2010 wurde die Marke von 2 Milliarden täglich angeschauter Videos überschritten. Der Dienst ist in 23 Ländern präsent, nur 30 Prozent der Zugriffe kommen aus den USA[85].

YouTube schlägt in vielen Vergleichen auch das Angebot des Mutterhauses GoogleVideo. Dort wird zwar mehr Speicherplatz geboten; punkto Reichweite, Einrichtung und sozialen Funktionen hält YouTube die Nase vorn. Im deutschsprachigen Raum sind MyVideo.de, Clipfish.de und Sevenload.de die drei größten Alternativen. Für die Medienarbeit bleibt davon am ehesten Sevenload, die anderen eignen sich eher für Social Media Marketing. Sevenload erreicht mit 1,6 Millionen Unique Usern[86] einen Bruchteil des YouTube-Publikums, dafür fällt man in dieser lokaler ausgerichteten Gruppierung schneller auf. Vimeo sollte sich anschauen, wer hohe qualitative Ansprüche an die Wiedergabe und die Ästhetik des Kanals stellt. Die Fakten verändern sich laufend, wer mehrere Plattformen bespielen will, stützt sich am besten auf aktuelle Vergleiche[87].

Für Video-Inhalte gilt dasselbe wie für Bilder und Audio-Podcasts: Externe Plattformen sind als Außenstellen für erhöhte Verbreitung und intensivierten Austausch einzusetzen. Das Material ist aber auch auf eigenen Webseiten abrufbar. Es ist eine Frage der Strategie und der Ressourcen, ob dabei das extern gelagerte Material eingebunden wird – oder ob Originale in einem eigenen Video-Kanal angeboten werden, samt zusätzlicher Bespielung von Außenstellen. Angela Merkel verzichtet für ihren Bundeskanzlerin.de-Vodcast auf YouTube, abonnierbar ist er aber auch auf iTunes[88]. Alpiq pflegt zum eigenen Videportal auch einen Kanal auf YouTube[89]. OTTO platziert die YouTube-Videos[84] diskret auf der Versand-Seite[90] und lädt im Mediencorner nur zur Bestellung von Schnittmaterial[91] ein.

Sie sehen: Es gilt eine ganze Reihe von folgenschweren Entscheidungen zu treffen, aus zahlreichen Optionen. Bewegte Bilder bewegen Ihre Medienarbeit, wenn sie einer klaren Strategie folgen – die folgenden Seiten unterstützen Sie bei der Beantwortung der wesentlichen Fragen.

1. Was ist das Ziel?
Von Video generell:
- Zusatzinformationen zu anderen Kanälen der Medienarbeit, emotionalisiert, personalisiert, faktenbezogen,
- Material zur Weiterverwendung auf klassischen TV-Kanälen, Web-TV, Online-Publikationen aller Art,
- Erhöhen der Sichtbarkeit von Marke, Organisation, Anliegen.

Von externen Plattformen:
- Bieten von Mehrwert für die Nutzer der Plattformen,
- erleichterte Auffindbarkeit und Weiterverbreitung,
- mehr Interaktion mit den Plattform-Gemeinschaften.

2. Mit wem wollen wir sprechen – und wer mit uns?
Die inhaltlichen Konzepte für Social Media Medienarbeit richten sich zu allererst an Medien und Online-Meinungsmacher. Im Vordergrund stehen für Journalisten Recherchen, das Finden von Zusatzinformationen, Trends oder Ideen für Beiträge. Sie wünschen sich Material, das bei Bedarf auf eigene Plattformen eingebunden, gekürzt, verarbeitet werden kann. Material, das diesen

Kriterien entspricht, wird über Medien hinaus auch ein breiteres Publikum ansprechen.

3. Was bieten wir?

Gefragt sind informativ-unterhaltende Filme. Dazu tragen unter anderem folgende Punkte bei:

– Kürze: eine bis maximal drei Minuten ist ideal. Denn mehr Zeit nehmen sich die wenigsten, das zeigen allgemeine Web-Video-Abrufstatistiken[92]. Längeres Material muss in Teilsequenzen abrufbar sein, samt Inhaltsangabe.
– Aktualität: Denken Sie im Rahmen der Medienarbeit an die Bedürfnisse von Journalisten und Web-Publizisten – sie suchen Material, das ihnen beim Schreiben hilft und das sie vielleicht gleich in einen Beitrag einbauen können. Was spricht die Leserinnen und Lesern von Online-Magazinen und Blogs an? Was ist einmalig, fesselnd und interessant? Was hilft, ein Problem zu lösen – das vorher komplex erschien? Was sagen Kunden – als Ergänzung zu den üblichen Unternehmenssprechern?
– Bezeichnung: Aussagekräftige Dateinamen erleichtern nicht nur Suchmaschinen die Auswahl. Dasselbe gilt für Schlagworte / Tags, Kurzbeschreibungen des Inhalts und auf Video-Plattformen das Ablegen in die richtigen Kategorien.
– Roh oder fertig: Klassische TV-Stationen schätzen Rohsequenzen, die sich mit Text versehen lassen. Natürlich sind hier die Qualitätsansprüche ans Filmformat wesentlich höher. Web-TV-Material in High Definition kann auf jedem Computer geschnitten werden – und ist in diesem Sinne auch Rohmaterial. Medien schätzen einen modularen Aufbau, der ihnen die schnelle Übernahme einzelner Statements oder Inhalte erleichtert. Hinweise zu den gewünschten Formaten ent-

hält unter anderem die Österreichische Medien- und Bloggerstudie[93].

- Gestaltung: Definieren Sie einen Hauptkanal für Ihre Organisation, mit allenfalls Unterkanälen für große Unternehmen. Alle folgen einem gestalterischen Konzept, damit Ihre Marke einen prägenden Auftritt erhält.
- Untertitel: YouTube bietet die Möglichkeit, das Material mit Untertiteln zu ergänzen. Dazu muss ein Dokument mit den Zeitcodes und Texten erarbeitet und zum Film gespeichert werden, gemäß ausführlicher Anleitung[94]. Dieser Zusatzaufwand macht den Inhalt barrierefrei zugänglich, und er wird maschinell übersetzt eingeblendet.

4. Wie hören wir zu?
Durch das Lesen von Rückmeldungen und Kommentaren auf allen bespielten Plattformen. YouTube ermöglicht in den Konto-Einstellungen eine automatische E-Mail-Benachrichtigung für alle wesentlichen Interaktionen.

5. Wie sichern wir den Dialog?
Durch möglichst schnelle Antworten auf jede ernst gemeinte Rückmeldung. Wer aufgrund von Kritiken Inhalte optimiert, nimmt sein Publikum ernst.

6. Wie ist das eingebettet?
Die Videos sind in Medienmitteilungen oder Social Media News Release verlinkt; im Mediencorner oder Social Media Newsroom verfüg- und abonnierbar. Eine Publikation auf iTunes bringt zusätzliche Abo-Chancen, wenn regelmäßig Inhalte publiziert werden. Neue Videos sollten auf Twitter angekündigt werden, Tweets bringen im Schnitt sieben Zugriffe auf YouTube. Auch die Publikation auf Facebook ist wichtig, täglich werden YouTube-

Videos in der Länge von 46 Jahren aus diesem Sozialen Netzwerk heraus abgerufen[85]. Blenden Sie die wesentlichen Internet-Adressen im Vor- und Nachspann des Videomaterials ein und verlinken Sie Video-Kanäle auch in Ihrer E-Mail-Signatur oder auf Visitenkarten.

7. Wer hat die Ressourcen?
Video-Podcasts sind in der Regel vier- bis fünfmal aufwändiger als Hörfolgen. Natürlich lässt sich das Referat aus einer Medienkonferenz einfacher bereitstellen als ein nach redaktionellen Regeln recherchierter und mit Einspielungen versehener Beitrag. Für ein nicht allzu aufwändiges Video ist mit 32 bis 48 Stunden zu rechnen – betrachten Sie diese Werte als Annäherung an eine Realität, die stark von Ihren Ambitionen, der ausgewählten Technik, Aufwand für Recherche, Drehbuch, Aufnahmen, Beschaffen von Urheberrechten, Post-Produktion und den ausgewählten Publikationsformen abhängt.

Für die regelmäßigen Besuche der bespielten Plattformen, Lesen und Beantworten von Kommentaren, Erfassen von Bewertungen und Abrufstatistiken fallen mindestens 8 bis 12 Stunden monatlich an.

Beides addiert sich auf 40 bis 60 Stunden, ausgehend von einer einfachen Episode pro Monat. Mit dieser Modellrechnung sind für Videos in der Medienarbeit mindestens 25 bis 40 Stellenprozente zu budgetieren. Teile davon können an externe Spezialisten ausgelagert werden.

Das Einrichten eines ansprechend gestalteten Kanals für die eigene Organisation kann einen bis zwei Tage beanspruchen. Dazu kommen die laufende strategische Evaluation und allenfalls Optimierungen des Auftritts.

8. Wie messen wir den Erfolg?
Neben den reinen Abrufstatistiken interessieren Intensität und Qualität des Austauschs. YouTube bietet mit Insight detaillierte Auswertungen, samt demografischen Daten, Abonnenten-Entwicklung, Bewertungen und Kommentaren. Als Ergänzung bietet sich das Erfassen von eingehenden Seitenabrufen in den Mediencorner, Social Media Newsroom oder andere verlinkte Websites der eigenen Organisation.

Zur neuen Realität der Medienarbeit zählt auch, dass Meinungsmacher Videomaterial verfremden. Das illustrieren die vielen Versionen einer Image-Werbung des deutschen Energiekonzerns RWE, zum Beispiel von Greenpeace[95].

Social Media Plattformen

Corporate Blogs: wo der Dialog beginnt

«Weblogs machen das Internet endgültig zur größten Lese- und Schreibübung aller Zeiten.»
Franz Zauner, NZZ Folio, 2005

Blogs haben Ende der Neunziger Jahre als Tagebücher im Netz begonnen. Heute sind sie Sinnbild für persönlich geprägte, schnelle Online-Magazine mit Vernetzung und Dialog. Corporate Blogs verleihen eine Stimme im Meinungsmarkt, Blog-Autorinnen und -Autoren können Dialogpartner der Medienarbeit sein. Dieses Kapitel
- beantwortet grundsätzliche Fragen für die Blog-Publikation,
- definiert Blog-Formen für die Unternehmenskommunikation,
- vermittelt Grundlagen für ein Blogkonzept.

Wie viele Blogs gibt es und wer liest sie?

Wer nach verlässlichen Blog-Statistiken sucht, braucht Geduld. Gemessen wird die Anzahl dieser Online-Magazine von Plattformen, auf denen man sich registrieren muss. Technorati.com hat irgendwann aufgehört, die Summe der registrierten Blogs zu veröffentlichen, es werden jährlich nur noch Umfragen über deren Herkunft und Motivation publiziert[96]. Die ebenfalls stärker auf die USA ausgerichtete BlogPulse-Plattform[97] des Marktforschers Nielsen erfasst knapp 130 Millionen Blogs, 2010 kamen pro Tag rund 40.000 neue Blogs hinzu mit knapp einer Million täglichen Beiträgen.

Auf eine halbe Million kommt die letzte Schätzung[98] für deutschsprachige Blogs, davon sollen höchstens 200.000 aktiv sein. Das Schweizer Verzeichnis blogug.ch listet knapp aktive 800 Blogs, gemeldet sind etwas mehr als 3000[99].

Wie sieht's denn mit Lesen aus? Sehr etabliert sind Blogs in den USA, wo sie von 89 Prozent der Medienschaffenden für die Informationsbeschaffung genutzt werden, in Österreich liegt die Nutzung bei 41, in der Schweiz bei 34 Prozent, wie die Grafik zu «Medienschaffende nutzen Social Media» auf Seite 76 zeigt. Für das breite Publikum weist die ARD/ZDF-Onlinestudie 8 Prozent gelegentliche Blog-Lesende[100] aus, die Allensbach-ACTA-Studie kommt im selben Zeitraum auf 31 Prozent Lesende. 18 Prozent schreiben Kommentare, 9 Prozent betreiben ein eigenes Blog[101].

Die Schwierigkeit aller Studien liegt in der schwindenden Bedeutung des Wortes «Blog»: Viele Online-Magazine mit Dialogcharakter nennen sich nicht so, oder sie sind nirgends registriert. Die Bezeichnung «Blog» wird irgendwann von der Bildfläche verschwinden. Was bleiben wird, sind Online-Plattformen für den schnellen, persönlich gefärbten Austausch. Als Website oder als Online-Angebot der klassischen Medien. Geschrieben von Privatpersonen, Konsumenten, Meinungsmachern.

Wann ist ein Blog ein Blog?
Egal, was drauf steht – ein Blog ist ein Web-Auftritt mit drei inhaltlichen und drei formalen Eigenschaften.

Inhalt
- Selektiv: Es geht um eine eng eingegrenzte Thematik, die in der Regel ein eng definiertes Zielpublikum anspricht.

- Subjektiv: Die Einträge tragen eine persönliche Note, Autorinnen und Autoren verbinden Recherche und Meinung.
- Schnell: Aktualisiert wird mindestens wöchentlich, eher öfter.

Form
- Chronologisch: Die Einträge sind nach Datum sortiert, die aktuellsten stehen zuoberst, zurückliegende Einträge sind archiviert.
- Vernetzt: Links sind sehr wichtig, die Vernetzung wird in den Einträgen gepflegt und durch einfache Funktionen für die Übernahme und Weiterleitung von Inhalten unterstützt.
- Dialogisch: Der Austausch mit Besuchern ist gesucht, Kommentare werden gelesen und rückkommentiert.

Was bringt Corporate Blogging in der Medienarbeit?

Ein Blog kann das zentrale Element Ihrer Social Media Strategie sein, wenn dort zielgruppengerechte Inhalte entstehen, die Sie hinaustragen auf passende Außenstellen. Vielleicht heißt dieses aktuelle und dialogische Element auf Ihrer Website nicht Blog – auf jeden Fall aber dynamisieren inspirierende Inhalte und engagiertes Zuhören Ihre Medienarbeit. Sie
- bringen eine von Drittplattformen unabhängige, zentrale Ausgangsbasis,
- ermöglichen den Aufbau von Gemeinschaften direkt bei der Organisation,
- verleihen eine Stimme und Sichtbarkeit, auch auf Suchmaschinen und Drittplattformen.

Erreichbar sind diese Chancen durch einen langjährigen Aufbau. Denn erst aus der Kontinuität von Inhalt und Dialog entsteht Glaubwürdigkeit.

Weblog-Formen für die Kommunikation

Ein Privat-Blog dient rein persönlichen Interessen – Corporate Blogs lassen sich in zwei Hauptkategorien einteilen:

Kampagnen-Blogs
sind kurzfristig angelegt, in dieser Kategorie sind folgende Einsatzmöglichkeiten verbreitet: Das Krisen- und das Change-Blog begleiten kritische Übergangsphasen einer Organisation. Es kann sein, dass sie nur für die Mitarbeitenden über das Intranet zugänglich sind. Wenn sie nach außen geöffnet sind, so leisten sie auch einen wesentlichen Beitrag zum Austausch mit Medien und externen Zielgruppen. Wahl-Blogs zählen mittlerweile zur politischen Grundausrüstung. Produkt-Blogs mit Promotionscharakter gehören in die kurzfristige Kampagnen-Kategorie – längerfristig angelegte Produkt-Inhalte sind bei den Themenblogs als Marken- oder Service-Blog angelegt.

Themen-Blogs
sind langfristig ausgerichtet: Das Marken-Blog versucht, redaktionellen Mehrwert rund um ein Produkt oder eine Dienstleistung zu liefern. Nahe beim Marken-Blog positioniert sich das Service-Blog, das gezielt Kundenunterstützung bietet. Das Firmen-Blog wird von einem oder mehreren Autorinnen und Autoren verantwortet. Vielleicht geschieht das auch in Form von separaten Blogs, geschrieben von Mitarbeitenden über das Unternehmen – das geschieht oft in der Form eines Fach-Blogs zu einem bestimmten Themenbereich. Ein CEO-Blog wird von der Nummer eins der Organisation geschrieben. Ein internes Team-Blog kann auf Wissen oder Projekte ausgerichtet sein. Als Ergänzung des Intranets oder eines internen Wikis bietet es mehr Aktualität und Dialog.

Natürlich sind die verschiedensten Kombinationen aus diesen Formen denkbar, neue werden entstehen.

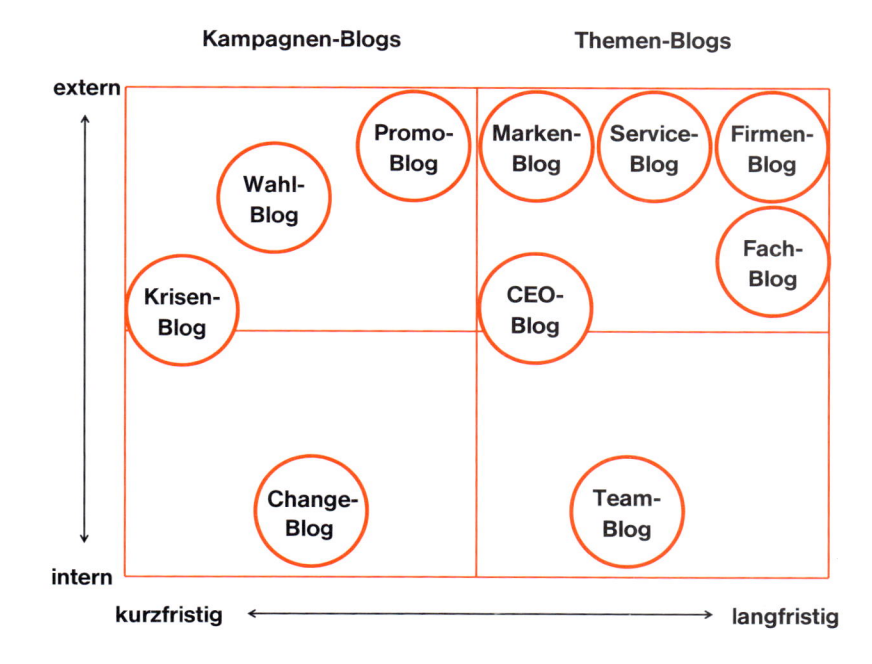

Abbildung 15, Blog-Formen (Marcel Bernet)

Dell führt ein offizielles Firmenblog und verschiedene Fachblogs für Informatik, Wiederverkäufer, Investor Relations oder Ausbildungsfragen[102]. IdeaStorm.com ist wie ein Blog aufgebaut und hat seit 2007 zu zahlreichen Produktideen und -verbesserungen geführt. Support-Fragen werden über die Website und Foren beantwortet.

Blogs von anderen Unternehmen bieten wertvolle Hinweise für Ihre Entscheidung und Ihr Konzept. Als Reiseführer dienen laufend aktualisierte Blogporträts im Web[103].

Acht Fragen fürs Blogkonzept

Ihre Medienarbeit kann von den hohen Investitionen profitieren, die in diese Form des Unternehmensdialogs fließen. Sie kann zum Beispiel Inhalte des CEO-Blogs aufnehmen, Medienmitteilungen in ein Fachblog verlinken, Promotionsblogs begleiten.

Ein Corporate Blog reicht über die Medienarbeit hinaus – als Rahmen für Ihre Entscheidung dienen die acht Fragen für Social Media Konzepte:

1. Was ist das Ziel?
– Aufbau und Vertiefung von Beziehungen,
– Sichern einer Stimme, in guten wie in schlechten Zeiten,
– mehr Sichtbarkeit auf Suchmaschinen,
– Begleiten von internen oder externen Projekten,
– erhöhte Wirksamkeit der gesamten Kommunikation.

Diese Ziele lassen sich nur mit einem hohen zeitlichen Einsatz und anhaltendem Engagement erreichen.

2. Mit wem wollen wir sprechen – und wer mit uns?
Für die Medienarbeit interessieren uns auch auf dieser Plattform zuerst die Medien- und Meinungsmacher. Ein Blog wird aber nie ausschließlich auf diese enge Zielgruppe ausgerichtet sein. Erfolg bringt die Verbindung von Absender-Interessen mit Publikumswünschen: Wer interessiert uns? Wofür interessieren sich mögliche Adressaten? Aus dem passenden Gesamtkonzept werden Inhalte entstehen, die auch die Medienarbeit unterstützen. Blogs sind das klassische Publikationswerkzeug der zahlreichen Online-Meinungsmacher, ihre Inhalte sind einfach zu finden, stark verlinkt und schnell weitergeleitet.

3. Was bieten wir?
Wenn Ihr Blog zu Medienaufmerksamkeit führen soll, setzen Sie sich hohe Ziele bezüglich:
- Qualität und Originalität. Denn so schaffen Sie es, dass Meinungsmacher Ihr Weblog lesen. Was bei zunehmendem Informationsdruck und akuter Zeitknappheit ein großes Interesse voraussetzt. Regelmäßige Besucher erhalten Sie mit einem spannenden Ansatz, einer thematisch führenden Stellung. So dass man sich sagt: Wenn ich hier reinschaue, finde ich Stoff für Artikel, den ich auf anderen Wegen nicht finde.
- Kontinuität und Aktualität. Nur, wenn Sie schnell bleiben, über die Anfangseuphorie hinaus, werden Sie ein treues Stammpublikum gewinnen. Blogs brauchen Zeit, bis sie bekannt sind, bis sich ihre Qualität etabliert hat. Ihr Zielpublikum ganz allgemein und Medienschaffende im Besonderen legen die Anspruchslatte hoch. Der Konkurrenzdruck von anderen Online-Inhalten wächst weiter an.

4. Wie hören wir zu?
Durch tägliches Lesen eingehender Kommentare, aktiven Einbezug der Nutzer mit Fragen oder Aufforderung zu inhaltlicher Beteiligung, Aufspüren von Erwähnungen und Links für die betreuten Themenfelder in anderen Online-Plattformen im Rahmen des Monitoring.

5. Wie sichern wir den Dialog?
Indem Kommentare sofort, kompetent und persönlich beantwortet sind; durch das Eingehen auf Nutzerwünsche in Inhalt und Form; mittels Schreiben von Kommentaren in themenverwandten Blogs oder anderen Online-Plattformen.

Dieser Dialog lässt sich ausbauen durch den gezielten Besuch von Blogs, Facebook-Pinnwänden, Twitter-Meldungen – wenn sich dort ein thematisch sinnvoller Austausch anbietet, zum Beispiel durch Bewertungen, Kommentare und allenfalls Verlinkungen ins eigene Blog. Im Rahmen der Social Media Medienarbeit können Sie diese Vernetzung ganz gezielt auf die Online-Aktivitäten von interessierten Journalistinnen und Journalisten, Bloggerinnen und Bloggern ausrichten. Vorausgesetzt, dieser Dialog ist relevant und nicht werblich.

6. Wie ist das eingebettet?

Corporate Blogs sind so gut wie deren Einbettung in den ganzen Online-Auftritt einer Organisation. Die zusätzliche Platzierung von Inhalten in Sozialen Netzwerken, Microblogs und weiteren Social Media Plattformen erhöht die Sichtbarkeit der Inhalte und bietet neue Anknüpfungspunkte. Relevante Firmenblogs sind auch im Mediencorner verlinkt, Medienmitteilungen nehmen Bezug auf vertiefende Blogbeiträge.

7. Wer hat die Ressourcen?

Gehen wir davon aus, dass Sie sich hohe Ziele gesetzt haben. Denn Ihr Weblog soll Ziele der Kommunikation und der Medienarbeit erreichen. Drei Phasen sind zu budgetieren:

Strategie, Idee, Konzept: Für die Ideen-Entwicklung, die Entscheidungsfindung und das Einbetten in eine Gesamtstrategie, das Erarbeiten eines redaktionellen Konzepts, Definieren der Abläufe, Analysieren von Konkurrenzangeboten und stete Blog-Learnings sind fünf bis zehn Arbeitstage als einmalige Investition einzusetzen.

Aufsetzen, Einrichten: Für das Programmieren existiert eine Vielzahl von spezialisierten Blog-Redaktionssystemen, viele von ihnen sind kostenlos. Die Open Source-Lösung WordPress hat auch im deutschsprachigen Raum eine führende Position[104]. Sie ist leicht einzurichten, bietet hilfreiche Zusatzmodule und Gestaltungsvorlagen[105]. Wer es ganz einfach und persönlich will, kann auf eher pinnwandartige Posterous zurückgreifen.

Im Idealfall lässt sich die Blog-Funktion auf ein bestehendes Redaktionssystem für Internet- und Intranet-Seiten aufsetzen – hier ist aber die Auswahl noch beschränkt, die einmaligen Kosten für Lizenzen und Anpassungen liegen höher. Hinzu kommt die Schulung der Autorinnen und Autoren – technisch und inhaltlich. Vielleicht erarbeiten Sie nur Grundlagenpapiere und lassen viel Freiraum in der Umsetzung von persönlichen Blogs. Oder Sie vermitteln und verankern ein redaktionelles Konzept. Diese Initialkosten lassen sich nicht pauschal veranschlagen, zu groß ist die Bandbreite der technischen und inhaltlichen Möglichkeiten.

Laufender Unterhalt: Für ein gutes, lebendiges Blog müssen Sie
- mindestens alle zwei bis drei Tage einen interessanten Beitrag recherchieren, schreiben, Bilder dazu suchen, sie einbetten, den Beitrag im Redaktionssystem samt Links publizieren und testen,
- die eingehenden Kommentare lesen und beantworten,
- andere interessante Blogs lesen, Verknüpfungen herstellen.

Geübte Autorinnen und Autoren werden für einen Blogbeitrag samt Recherche und Publikation 1 bis 4 Stunden aufwenden. Am unteren Ende ist das meiste Material schon vorhanden und der Artikel ist kurz. Das obere Ende dürfte einen längeren Beitrag ergeben; mit vertiefter Recherche, allenfalls Zitaten aus Interviews, eigens gestalteten Grafiken oder urheberrechtlich abgeklärten Bildern. Bei in diesem Sinne zwei kurzen und einem langen Artikel pro Woche ist mit 6 Stunden Aufwand zu rechnen. Ebenfalls wöchentlich sind für das Lesen und Beantworten von Kommentaren sowie ein sehr fokussiertes Lesen anderer Blogs rund 2 Stunden nötig. Macht pro Monat 32 Stunden. Sind Sie bereit, 20 Stellenprozent als Minimum für ein gut gemachtes Blog einzusetzen? Wir diskutieren hier eine inhaltlich anspruchsvolle Publikation mit hoher Vernetzung. Einen Auftritt, der Ihre Reputation stützt und fördert. Hinzu kommt die laufende Begleitung und Feinabstimmung auf Führungsebene. Dazu gehören auch das stete Lesen der eigenen und fremden Weblogs, regelmäßige Evaluationsgespräche und Auswertungen, das Coaching der Schreibenden.

8. Wie messen wir den Erfolg?

Ihr Redaktionssystem muss ein gutes Statistik-Modul enthalten, damit es die Grundlagen für folgende Messbereiche liefert:

- Blog-Verkehr: Besucher, Verweildauer, besuchte Seiten;
- Abonnements: Anzahl und die Herkunft, Veränderung;
- Dialog: Anzahl und Qualität der Kommentare, Herkunft;
- Verlinkung: Eingehende Links, wichtigste Zuweise-Stellen;
- Erwähnungen: Artikel über den Blog in klassischen Medien, Online-Ausgaben, wichtigen Blogs;
- Suchmaschinen: Präsenz der Organisation und wichtiger Themen auf den ersten drei Resultate-Seiten, Blog-Anteil;
- Qualität: Periodische Leserbefragungen oder Blogkritiken.

Einen detaillierten Leitfaden für das Aufsetzen eines Corporate Blog bietet die «Checklist Blogkonzept» auf www.bernet.ch/checklisten.

Social Media Plattformen

Blogs in der Medienarbeit: sieben Tipps

«Schreiben Sie einem Blogger nie etwas, das Sie sich nicht selbst für den Rest Ihres Lebens auf die Stirne kleben würden.»
Steve Rubel, Edelman PR

Unter den neuen Publizisten des Mitmach-Webs haben Blogs die größte Beachtung erreicht. Nie war es einfacher, seine Meinung zu veröffentlichen. Hinter Blogs stehen Persönlichkeiten mit pointierten Ansichten, großem Mitteilungswillen und einem spezifischen Publikum. Blogs sind wichtig für die Medienarbeit. Sie können Ihre Botschaften aufnehmen und weiter verbreiten – welche Blogs tun das heute schon? Was bringt eine Suche nach Ihren Marken, Themen, Anliegen auf blogsearch.google.com?

Für den Umgang mit Blog-Autorinnen und -Autoren gelten dieselben guten alten Regeln der Medienarbeit, wie sie ab Seite 19 beschrieben sind. Sieben Tipps machen das Ganze konkreter:

1. Informiert sein
Nehmen Sie Blogs in Ihr Monitoring auf – bei einem Dienstleister, durch eigene regelmäßige Suchen und Abos. Wer belegt Ihre Themenfelder? Wer spricht ein Publikum an, das an Ihren Inhalten interessiert ist?

Lesen Sie die letzten zehn Artikel samt Kommentaren, bevor Sie Kontakt aufnehmen, eine Anfrage starten, selbst einen Kommentar verfassen.

Nehmen Sie aktiv Kontakt auf, über Telefon, E-Mail oder die Kommentarfunktion, wenn Sie relevante Themen entdecken. Mehr dazu in den folgenden Punkten.

2. Anfragen ernst nehmen

Wie wichtig ist ein Blog? Auf diese Frage gibt es keine eindeutige Antwort. Eine annähernde Beurteilung erlauben Ranglisten[106]. Diese Listen kommen und gehen, erfassen nur angemeldete Blogs und ordnen sie in der Regel nach der Anzahl eingehender Links. Zuoberst stehen also diejenigen Blogs, die am meisten von anderen Webseiten zitiert werden.

Beantworten Sie eine ernstgemeinte Anfrage an Ihre Medienstelle auch dann, wenn das betreffende Blog auf keiner Rangliste auftaucht. Sie sind gerade zu einem Gespräch eingeladen worden, nutzen Sie diese Chance. Bitte vorher Punkt 1 nochmals lesen.

3. Erst anfragen, dann bedienen

Sie haben ein Blog entdeckt, dessen Herausgeber Sie gerne zu einer Medienkonferenz einladen oder mit Pressetexten bedienen würden? Denken Sie daran, dass private Blogs selten kommerziell ausgerichtet sind. Liefern Ihre Informationen wirklich einen Beitrag zum Gespräch, das in dieser Publikation gepflegt wird? Wenn Sie davon überzeugt sind, dann fragen Sie höflich an. Am besten per E-Mail. Beziehen Sie sich auf die letzten Artikel der Autoren, stellen Sie die von Ihnen zu erwartenden Inhalte dar, legen Sie Ihre Interessen offen.

4. Individuelle Inhalte
Vermitteln Sie spezielle Inhalte, zugeschnitten auf das redaktionelle Konzept ausgewählter Blogs. Vielleicht sind Details, Grafiken oder Interviews interessant, die für andere Plattformen wenig Reiz haben.

5. Sachlich bleiben
Bleiben Sie ruhig, auch wenn die Blog-Tonalität angriffig ausfällt. Alles, was Sie schreiben oder sagen, kann gegen Sie verwendet werden – mit Freude zitiert auch aus Briefen, E-Mails, Telefongesprächen.

6. Kommentieren, loslassen
Reagieren Sie bei Angriffen – die Sie dank Monitoring rechtzeitig erkennen – am besten gleich mit einem Kommentar zum Blogpost. Stellen Sie Inhalte richtig, gestehen Sie Versäumnisse oder Fehler ein, skizzieren Sie nächste Schritte.

Bleiben Sie dran – und lassen Sie gleichzeitig los. Erwarten Sie kein Lob, keine freudige Korrektur. Wenn sie sich einstellt, ist sie ein Geschenk. Verfolgen Sie die weiteren Kommentar-Dialoge. Beteiligen Sie sich am Gespräch, wenn Sie etwas Neues zu sagen haben.

7. Flagge zeigen
Bei allen Online-Interaktionen ist es wichtig, die wahre Identität und seine Interessen offen zu legen. Kommentare können auch unter einem falschen Namen oder anonym erfolgen. Anonymität ist nie glaubwürdig. Und falsche Namen haben kurze Beine: Ein Blick ins Redaktionssystem zeigt, von welcher Internet-Adresse der Eintrag gemacht wurde.

Social Media Plattformen

Microblogs: beschleunigtes Gezwitscher

**«Unmittelbarkeit ist das Gegenteil von Information.»
Paul Virilio**

Microblogging nennt sich die kürzeste Form des Sich-Mitteilens: 140 Zeichen stehen für einen Eintrag zur Verfügung. Der bekannteste Dienst ist Twitter mit weltweit über 100 Millionen registrieren Benutzern[107]. Der französische Urbanist und Philosoph Paul Virilio sieht die Schnelligkeit dieses Dienstes als Problem, weil er die Reflexion verhindere: Ende 2009 habe Twitter die Zensur des iranischen Regimes überwunden und die Welt mit den unterdrückten Massen solidarisiert – bis Michael Jackson starb und den Iran aus der Echtzeit-Wahrnehmung verdrängte[108].

Twitter ist ein Phänomen, mit dem sich auch die Unternehmenskommunikation auseinandersetzen muss. Der Dienst bietet Chancen für mehr Gespräche und Reichweite im Social Web, neue Formen des Kundendiensts oder des Marketings.

Dieses Kapitel
- erklärt Microblogging in Kürze,
- beurteilt die Relevanz für die Medienarbeit,
- vermittelt Grundlagen für die Umsetzung.

Twitter ist ein Newskanal

Twitter steht englisch für Gezwitscher. Auf der 2006 gestarteten Plattform www.twitter.com tauschen Menschen Kurznachrichten aus. «Tweets» sind Textmeldungen mit maximal 140 Zeichen, die auch Links enthalten können. Die werden aus Platzgründen in der Regel verkürzt angezeigt.

Twitter ist ein Kurznachrichten-Dienst innerhalb eines schnell wachsenden sozialen Netzwerks. Meldungen sind für alle sichtbar und bleiben über die Suche abrufbar. Gezielt gelesen werden sie innerhalb eines Abonnentenzirkels: Die persönliche Startseite zeigt, wen man selbst liest («Following») und wer die eigenen Meldungen verfolgt («Followers»). Dabei kann man auch selektiv entscheiden, wer einem folgen darf. Twitter ist...

- schnell: Die Benutzer sind ständig online. Sie schreiben ihre Meldungen auch vom Mobiltelefon. Interessante Nachrichten werden per Tastendruck weitergeleitet.
- einfach: Anmelden und loslegen – mit der Eingabe von Benutzername und Passwort ist man dabei. Die Meldungen sind dank ihrer Kürze und den Verzicht auf Formatierungen sofort geschrieben.
- flüchtig: Ja, hier wird gequasselt. Aber: Hier wird auch über Firmen geredet, werden Produkte beurteilt oder Tipps gesucht. Und es gibt Zwitscherer, die mit gezielten Hinweisen einen schnellen Nachrichtenstrom liefern.

Twitter ist kostenlos. 2010 wurde mit Werbemöglichkeiten begonnen, in Form von gesponserten Tweets oder Werbeplatzierungen in Suchresultaten[109]. Allgemein geht man davon aus, dass das Startup-Unternehmen irgendwann weitere Zusatzdienste gegen Entgelt verkauft.

Konkurrierende Microblogging-Plattformen mit weniger starkem Zuspruch bieten unter anderem www.bleeper.de, www.identi.ca, www.jaiku.com oder www.plurk.com. Der in den Funktionen etwas erweiterte Dienst www.friendfeed.com wurde von Facebook übernommen. Mit www.google.com/buzz hat der Suchmaschinen-Gigant 2010 eine direkte Konkurrenz zu Twitter lanciert; bisher mit wenig Beteiligung über Benutzer von Google-Diensten wie Gmail hinaus. Mit Statusmeldungen versuchen auch Netzwerke wie Xing, LinkedIn oder Facebook, Twitter das Wasser abzugraben. Wie bei Google Buzz sind hier längere Meldungen möglich.

Einsatz als schneller Verstärker
Wer schreibt und liest die täglich 50 Millionen[110] Tweets? Im Vordergrund stehen einige Intensiv-Nutzer: Nur 20 Prozent der angemeldeten Personen waren in den letzten 30 Tagen aktiv, 40 Prozent haben noch nie etwas geschrieben. Der durchschnittliche Twitterer hat 27 Follower[111]. Rund 40 Prozent der Nutzer sind in den USA registriert[112], eine internationale Analyse[113] zeigt 53 Prozent Frauen und 47 Prozent Männer. Einen Rückschluss auf die Interessen der Nutzer erlaubt die Auswertung von Twitter-Inhalten des Pew Research Centers: Die meisten News-Inhalte dieses Kanals beziehen sich auf Technologie, innerhalb eines halben Jahres waren 43 Prozent der Meldungen auf IT, das Web oder Twitter selbst bezogen[114].

Verbreitet ist der Einsatz auch im deutschen Sprachraum in Wahlkämpfen, der Personalsuche, für Kundensupport, Meinungskampagnen, Produkt-Promotionen oder die Flankierung der allgemeinen Online-Präsenz. Wertvolle Hinweise für Evaluation und Konzeption liefern Interviews mit Unternehmen auf

Twittwoch.de – die Beispiele[115] reichen von Allianz über Daimler bis Rivella.

Twitter ist ein idealer Verstärker bestehender Social Media Aktivitäten. Dank seiner Einfachheit und Kürze zählt Microblogging oft zu den Einstiegs-Plattformen für Unternehmen: Unter den 100 größten Marken Deutschlands sind 39 Prozent auf Twitter aktiv, nur 12 Prozent nehmen den wesentlichen größeren Aufwand des Blogging auf sich[116]. Noch beliebter ist Twitter unter den Fortune 100-Unternehmen Europas, mit 71 Prozent Nutzung gegenüber 25 Prozent Blogging[117].

Social Media Nutzung durch Unternehmen

Twitter	D: 100 größte Marken	39
	EU: 100 größte Unternehmen	71
Blog		12
		25

Prozent Nutzung

Abbildung 16, Social Media Nutzung durch Unternehmen (D: Universität Oldenburg/construktiv Wie nutzen Deutschlands größte Marken Social Media, 2009; EU: Burson-Marsteller Global Social Media Check-up, 2010)

Entscheidend für die weitere Entwicklung wird unter anderem die Verbreitung von Kurznachrichtendiensten auf Google Buzz, Facebook, Xing und anderen Plattformen sein. Wo werden geschäftliche Sofortdialoge in Zukunft stattfinden? Wo werden Meinungskampagnen mit Kurznachrichten multipliziert? Sind mehrere Kanäle zu bespielen, je nach Zielgruppe und Inhalt?

Gut zu wissen: Adressen, Mitteilungen, Listen, Hashtags
Diese Plattform hat ihre Besonderheiten. Vier davon als Einstieg – für die vertiefte Auseinandersetzung mit dem Dienst empfehlen sich praktische Bücher oder Leitfäden[118].

Adressen
müssen schnell reserviert werden. Sie sind oft schon besetzt und hängen sich immer an die Plattform: twitter.com/Name. Unfug ist möglich, da die Eingaben nicht verifiziert werden.

Mitteilungen
lassen sich mit «*@Name*» an andere Twitterer absetzen, dann sind sie für alle sichtbar. Wer «*D Name*» schreibt, löst eine private Direktbotschaft aus. Dafür müssen sich beide Seiten abonniert haben. Direktmeldungen kann man sich per E-Mail anzeigen lassen.

Listen
Nutzer können interessante Twitter-Adressen in Listen sammeln. Dazu müssen sie diesen Adressen nicht unbedingt folgen. Listen machen Sinn für ein gezieltes, gefiltertes Lesen oder für den gemeinsamen Austausch von Sammlungen. Listen können aber auch privat bleiben, dann werden sie nicht auf der eigenen Startseite angezeigt.

Hashtags
Inhalte lassen sich auch durch Tags filtern, auch Schlagworte oder auf hier eben Hashtags genannt. Weil sie dem als «Hash» bezeichneten «#» markiert werden: «*#Schlagwort*». Monitoring-Programme und Suchmaschinen achten darauf, Twitterer wiederholen die relevanten Hashtags, wenn sie auf eine Frage antworten. Damit Empfänger und Mitleser wissen, worum es denn in diesen knappen 140 Zeichen geht.

Acht Fragen für Twitter in der Medienarbeit

Twitter mausert sich immer mehr zum schnellen Nachrichtenkanal. Medien nutzen die Plattform für ihr Monitoring, das Marketing für Inhalte, das Stellen von Fragen oder direkte Kontakte. Auch in der Medienarbeit bietet der Dienst wertvolle Zusatzoptionen; vorausgesetzt, man macht es richtig und Twitter ist nicht das einzige Social Media Werkzeug.

1. Was ist das Ziel?

Der Einsatz von Twitter in der Medienarbeit kann
- Sie mit Medien und Meinungsmachern ins Gespräch bringen,
- Sie schnell über relevante Online-Inhalte informieren,
- andere Social Media Aktivitäten verstärken,
- die Reichweite Ihrer Medieninhalte erhöhen,
- eine zusätzliche Abo-Variante für Pressemitteilungen bieten.

Bespielen Sie diese Plattform nur mit einem klaren Konzept, als Verstärkung anderer Social Media Aktivitäten und mit den Ressourcen für ständig aktives Mithören und schnelles Antworten.

2. Mit wem wollen wir sprechen – und wer mit uns?

Im deutschsprachigen Raum sind rund 270.000 aktive Nutzer[119] registriert, mit hoher Affinität zu Informatik, Medien und Marketing. Das Durchschnittsalter lag Ende 2009 bei 31 Jahren, rund zwei Drittel sind männlich[120]. Auch die Medien sind sehr präsent, mit generellen Konten wie @NZZonline, oder Redakteurinnen und Redakteure nutzen eigene Adressen. Einen interessanten Einblick in die Aktivitäten verschiedener deutscher Medien bietet eine Twitter-Liste auf @TVundso[121].

Tweets – so nennen sich die Twitter-Meldungen – sind für Medien und Meinungsmacher interessant, wenn sie Mehrwert bieten;

wenn Sie als Medienstelle mit einem klaren inhaltlichen Konzept dabei sind und den Kanal laufend mitverfolgen, also auch sehr schnell reagieren.

3. Was bieten wir?
- Informative, aktuelle Beiträge: Trotz des kurzen Formats kommt auch hier Qualität vor Quantität. Schreiben Sie Tweets, die etwas bringen und die sehr aktuell sind. Ergänzen Sie die eigenen Punkte regelmäßig mit Retweets, dem Weiterleiten einer interessanten Meldung. Noch besser ist es, wenn Sie Originalmeldungen lesen und sie redigiert weiterleiten, ergänzt mit eigenen Schlüssen und natürlich mit der «@Quellenangabe». Auch persönliche Meldungen haben hie und da Platz, dann bitte geistreich, inspirierend und nicht einfach «endlich Feierabend».
- Aktuelle Medieninhalte: Redigierte Tweets ergänzen Sie mit Hinweisen auf neue Pressemitteilungen, Anlässe, Downloads im Mediencorner. Bei zahlreichen News ist es sinnvoll, diese Beiträge über einen speziellen Abonnier-Kanal laufen zu lassen und den Dialog auf persönlichen Konten zu pflegen.
- Echtzeit-Dialog: Das Eröffnen einer Außenstelle auf Twitter erhöht in jedem Fall die Anforderungen an Ihre Reaktionsbereitschaft. Auf diesem schnellen Kanal schwindet Ihre Reputation mit jeder Stunde ohne Antwort. Gleichzeitig bietet sich die Möglichkeit, Gesprächspartner auf diesem Kanal ebenfalls in Echtzeit anzusprechen, situativ und zurückhaltend.

Als zusätzliche Optionen bieten sich an, je nach thematischer Ausrichtung, Zielgruppe und vorhandenen Ressourcen:
- Live Tweets: Setzen Sie während eines Medienanlasses Meldungen ab, die den aktuellen Inhalt knapp und kurz auf den Punkt bringen. Verwenden Sie dabei einen eindeutigen Hash-

tag, zum Beispiel *#abc-event*. Dieses möglichst kurze Schlagwort teilen Sie schon vorher allen Teilnehmenden mit – denn Sie müssen damit rechnen, dass auch Medienvertreter direkt aus der Pressekonferenz twittern. Verwenden sie dabei Ihr Schlagwort, so sind die Meldungen sofort und auch später mit dem Anlass verbunden. Wer noch freie Hashtags sucht, testet seine Ideen auf Online-Verzeichnissen[122]. Übrigens lassen sich diese Tweets auch live am Anlass selbst auf eine große Leinwand einspielen – so eine «Twitterwall» wirkt trendig, kann aber Publikum und Referenten ablenken.
– Twinterviews: Die Plattform kann auch für öffentliche Interviews benutzt werden – die Begrenzung auf 140 Zeichen ist da natürlich Chance und Gefahr zugleich. Für das einfache Aufsetzen dieser Möglichkeit bietet sich www.tweetchat.com.

4. Wie hören wir zu?

Der Kanal sollte ganztags von einer Person betreut werden; in Krisenzeiten natürlich auch übers Wochenende. Twitter hat ein riesiges Ablenkungspotenzial, denn hier läuft dauernd irgendwas. In ruhigen Zeiten können Sie auch mit zwei bis vier gezielten Besuchen im Tagesablauf Meldungen scannen, die an Sie gerichtet sind oder Ihre Themen berühren. Wertvolle Hilfe bieten dabei Programme wie Tweetdeck oder Seesmic: Hier lassen sich Monitoring-Suchen einrichten und gleichzeitig Nachrichten und Antworten erfassen.

5. Wie sichern wir den Dialog?

Mit attraktiven Inhalten und dem Aufnehmen von Gesprächen. Zum Gespräch zählen unter anderem
– das Weiterleiten interessanter Meldungen – es unterstreicht, dass Sie nicht nur sich selbst ernst nehmen, auch die Absen-

der der Originalmeldung werden Ihr Zitieren in der Regel mitbekommen und schätzen.
- die schnelle, kompetente Reaktion auf Anfragen – die können mit «@» oder «*D*» an Ihre Adresse gerichtet sein. Je nach Thema wählen Sie, ob die Antwort mit «@» für alle sichtbar in den Twitterstrom gelangt, oder per Direktmeldung ein Zweiergespräch führt.
- das Lesen interessanter Medien und Meinungsmacher – suchen Sie sich die relevanten Adressen und knüpfen Sie im Gespräch an. Ungestellt, unaufdringlich und relevant.
- das Beantworten von Meldungen oder Fragen – Twitter ist ein beliebter Weg, um Fragen ins Publikum zu werfen. Der Rückfluss an Antworten ist oft erstaunlich hoch und wertvoll. Bringen Sie Ihre Kompetenz dort ein, wo Ihre Themen berührt werden und wo eine Reaktion Sinn macht.

6. Wie ist das eingebettet?

Twitter verstärkt die Wirkung von Social Media Inhalten auf anderen Plattformen, speziell auf eigenen Websites. Im Rahmen der Medienarbeit ist deshalb dieser Kanal stark eingebettet in den Mediencorner, den Social Media Newsroom samt Social Media News Release und allenfalls bestehende Blogs.

7. Wer hat die Ressourcen?

Twitter frisst Aufmerksamkeit und kann als dauernde Ablenkung wirken. Obwohl Meldungen schnell geschrieben sind, verlangen sie nach laufendem Mitlesen, klugem Monitoring und einer bewussten Interaktion mit dem gepflegten Netzwerk. In vielen kurzen Abstechern wird die Pflege des Kanals täglich mindestens eine Stunde beanspruchen, auf den Monat gerechnet 20 Stunden oder 12,5 Stellenprozent. Basierend auf zwei intelligenten Tweets pro Tag oder 40 pro Monat. Der Aufwand schnellt nach oben, wenn Themen eskalieren, wenn Sie Anlässe oder Aktionen flankieren.

Die laufende Betreuung des Kanals wird in Ihrer Pressestelle eine inhaltliche und strategische Koordination verlangen. Das Lesen und Schreiben von Beiträgen kann von dort auch an mehrere Autorinnen und Autoren verteilt werden. Vielleicht sorgt auch die Agentur fürs automatische Aufsetzen von neuen Medieninhalten – so macht es Microsoft Deutschland[123].

8. Wie messen wir den Erfolg?

Die härteste Währung ist natürlich die Anzahl der Follower. Die kann man mit vielen Tricks[124] hoch halten – entscheidend sind aber Qualität und Austausch. Dieser lässt sich messen durch
- Retweets von eigenen Meldungen,
- Anfragen öffentlich und direkt an die eigene Adresse,
- Erwähnungen der eigenen Themen,
- Qualität dieser Erwähnungen, Veränderung,
- Veränderung der Follower: Abbestellungen, Zugänge,
- Besuche auf Social Media Newsroom/Websites via Twitter-Links,
- Umfrage bei den Followern, Twitter-Kritik,
- Aufbau von neuen Medienkontakten.

«Gerngelesenes Gezwitscher» führt als Leitfaden näher ans Corporate Twittering: www.bernet.ch/checklisten.

Social Media Plattformen

Soziale Netzwerke: Facebook schluckt das Web

«Ein Mensch, dessen Facebook-Eintrag verwaist, ... hört auf zu existieren.»
Frank Schirrmacher[125]

Soziale Netzwerke zählten schon zu den Treffpunkten der ersten Internet-Tage. Foren haben überlebt, Compuserve ging 2009 vom Netz und gehört heute zu AOL. Die Anwendungen sind vielfältiger und trotzdem einfacher geworden, das Web ist schneller, überall und mobil. Darauf bauen die neuen Austauschplätze für Inhalte, Begegnung und Gespräch.

Redaktionen besuchen sie im Rahmen ihrer Recherchen. Meinungskampagnen werden auf Facebook lanciert oder flankiert. Auf dieser heute dominanten Plattform wird der Löwenanteil aller Web-Gespräche geführt, sie schluckt auch immer mehr Inhalte.

Dieses Kapitel
- beleuchtet das Phänomen aus der Sicht der Medienarbeit,
- beurteilt die wichtigsten Plattformen,
- vermittelt Anhaltspunkte für den Umgang.

Alles versinkt bei Facebook

Faszinierend und beängstigend zugleich ist das Wachstum der Benutzerzahlen von Facebook: Mitte 2010 wurde die 500 Millionen-Grenze überschritten. Zum gleichen Zeitpunkt waren in Deutschland knapp 10 Millionen angemeldet, in der Schweiz und in Österreich über 2 Millionen[126].

Menschen mögen es nicht, auf verschiedenen Plattformen Profile und Gespräche zu pflegen. Facebook profitiert davon. 2008 waren erst 95 Millionen angemeldet, das Wachstum bleibt stabil, trotz der Diskussion rund um den Schutz der Privatsphäre. Ein Grund ist die führende Position des Netzwerks, der andere das breite Angebot: Hier kann man Bilder und Filme hochladen, Kommentare und Bewertungen austauschen, chatten, Fan- und Gruppenseiten einrichten, Veranstaltungen lancieren und vieles wird noch dazu kommen.

Menschen bleiben gerne sitzen. Auf diesem großen blauen Sofa ist es so bequem, dass der Durchschnitt nach Angaben des Marktforschers Nielsen monatlich fünfeinhalb Stunden drauf sitzen bleibt. Diese Dauer wächst von Jahr zu Jahr, in Deutschland und der Schweiz bewegt sie sich in Richtung vier Stunden[127]. Über sechseinhalb Stunden sitzen die Amerikaner bei Facebook. Das ist etwa so viel Zeit, wie Google, Microsoft und Yahoo mit allen Auftritten zusammen erhalten[128].

Gleichzeitig streckt die Plattform ihre Fühler ins Web hinaus: Soziale Funktionen lassen sich auf jeder Internet-Seite einbinden, vom Einloggen bis zum Kurzkommentar «*Gefällt mir*». Damit holt sich dieser Anbieter noch mehr Dialogaustausch, Vernetzung und interessante Inhalte für Suchabfragen. Denn Facebook weiß im Gegensatz zu Google, was Freunden gefällt.

Netzwerken ist eine Frage der Nähe

Auch online sind Beziehung eine Frage der Nähe – zu Menschen und zu Themen. Auf Facebook findet man die meisten Freunde und ein Nebeneinander von privaten wie geschäftlichen Themen. Daneben bieten regional verankerte Netzwerke oder thematisch spezialisierte Plattformen eine Form von Nähe, die ebenfalls Nutzer bindet. Die Frage, wer wo zu Hause ist, stellt sich immer wieder neu. Eine Momentaufnahme bietet die Allensbach-ACTA Umfrage 2009[129] mit einer Positionierung ausgewählter Sozialer Netzwerke nach Alter und Geschlecht.

Soziale Netzwerke in Deutschland

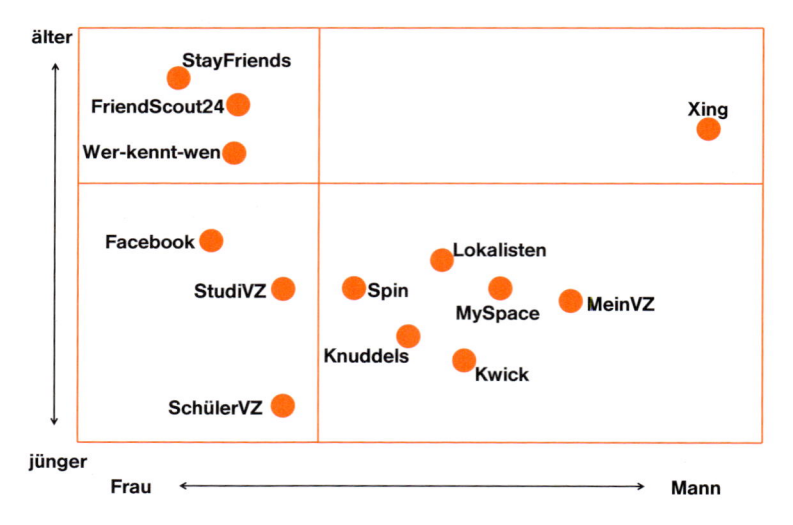

Abbildung 17, Soziale Netzwerke in Deutschland
(Institut für Demoskopie Allensbach, 2009)

Facebook müsste inzwischen weiter nach rechts rücken: Profilauswertungen zeigen 2010 ausgeglichene Anteile für Frauen und Männer[126].

Alternativen für die Medienarbeit

Welches Netzwerk ist für Gespräche rund um Ihre Organisation relevant? Vielleicht ist es das blaue Facebook-Sofa, ergänzt durch einen Wissenszirkel oder eine regionale Plattform an Ihrem Standort. Das Feld umfasst über 100 deutschsprachige Anbieter, und es verändert sich laufend. Die größten in Deutschland – VZ-Gruppe, Wer-kennt-wen, Stayfriends, Facebook, MySpace, Lokalisten und Xing – zählen 35 Millionen Nutzer, bei 42 Millionen Deutschen über 14 Jahre mit Internetanschluss[130]. Nicht auf allen Plattformen können sich Unternehmen beteiligen; inhaltliche Optionen für die Medienarbeit bieten neben Facebook:

- Xing, LinkedIn: Beide Netzwerke dienen dem Austausch rund um geschäftliche Interessen, Jobsuche oder Personalrekrutierung. LinkedIn ist im angelsächsischen Raum dominant und konkurriert den deutschsprachig führenden, ebenfalls internationalen Dienst Xing. Hier können auch Unternehmen Profilseiten aufbauen, ihre Mitarbeitenden vernetzen, Newsletter anbieten. Themen lassen sich in einzutragenden Gruppen aufbauen und moderieren.
- VZ-Gruppe: SchülerVZ, StudiVZ und MeinVZ spielen eine wichtige Rolle in Deutschland. Auf MeinVZ sind auch Organisationen wie Caritas, Audi, Coca Cola oder der Bund Deutscher Kriminalbeamter mit Profilen, Inhalten und Applikationen präsent[131].
- MySpace: Der ehemals weltweit führende Dienst gehört heute zum Medienimperium von Rupert Murdoch und gibt weltweit 220 Millionen User an. Hier ist ein eher jüngeres, musikorientiertes Publikum unterwegs, man kann sich auch anonym oder mit Fantasienamen eintragen. Vodafone unterhält auch hier ein offizielles Profil[132].

Was haben Unternehmen auf einer Party zu suchen?

Soziale Netzwerke kann man sich wie eine Party vorstellen: Man trifft sich in Anzug oder T-Shirt, trinkt Sekt oder Bier und macht Smalltalk. Wollen Sie hier von einem Unternehmen angequatscht werden? Kann sein. Vorausgesetzt, der Besuch hält sich an den Code der Veranstaltung, weiß, was hier abgeht und bietet inspirierenden Smalltalk.

Eine amerikanische Untersuchung[133] hat tägliche Facebook- und Twitter-Nutzer gefragt, weshalb sie sich mit Unternehmen oder Marken verbinden:
- 65 Prozent wollen von Spezialangeboten profitieren,
- 61 Prozent erwarten neue Produkte oder Dienstleistungen,
- 41 Prozent verfolgen die Unternehmenskultur,
- 34 Prozent suchen Unterhaltung und Inspiration.

Bevor Sie sich am Gespräch beteiligen, stellen Sie drei Fragen:
- Wieso sind die Menschen hier versammelt?
- Was erwarten sie für Gespräche?
- Können wir überhaupt einen Beitrag leisten?

Gefragt sind Exklusivität, Emotion, Engagement

Inhalte auf Sozialen Netzwerken müssen drei Ansprüchen genügen:

1. Exklusivität

Meldungen werden gelesen, Seiten besucht, wenn sie einen Vorteil bringen. Weil man etwas gewinnen kann, eine Preisreduktion erhält, etwas exklusiv bestellen oder lesen kann.

2. Emotion
Die vielgepriesenen viralen Effekte lassen sich nur dort erreichen, wo auch Humor, Überraschung, Spiel Platz hat. Oder wo man sich emotional für ein Anliegen engagieren kann.

3. Engagement
Nachhaltig sind Auftritte nur, wenn sie ein ehrlich gemeintes, langfristiges Engagement trägt. Wenn auch in Krisenzeiten ein offener Dialog geboten wird.

Schon diese drei Anforderungen zeigen: Auf Sozialen Netzwerken kann man sich nicht nebenher beteiligen.

Mitmachen kostet Ideen, Zeit und die Kontrolle
Facebook alleine bindet so viele Menschen für so lange Zeit, dass man das Phänomen zumindest aktiv verfolgen muss. Denn auch ohne eigene Beteiligung werden hier Gespräche über Marken und Anliegen geführt, die Sie betreffen.

Der Schritt zum Mitmachen gelingt nur mit einer interessanten Idee, viel Zeit und der Bereitschaft, die Kontrolle abzugeben. Was für Engagements in Social Media gilt, gilt hier ganz besonders: Nestlé ist mit mehreren Marken und einer Unternehmens-Seite auf Facebook präsent. Greenpeace lancierte im März 2010 eine Kampagne gegen die Verwendung von Palmöl. Als Nestlé ein Video aus rechtlichen Gründen von YouTube entfernen ließ, brandete ein viraler Tsunami durchs Social Web: Die Kommentare wurden so negativ, dass Nestlé die britische KitKat-Seite mit damals 700.000 «Freunden» kurzerhand vom Netz nahm. Genervte Antworten des Nestlé-Teams auf der Facebook-Konzernseite führten dort zu einem nächsten Kommentar-Sturm. Die ganze

Hektik verschaffte Greenpeace willkommene Publizität im Netz und klassischen Medien[134].

Fazit: Ohne Strategie sind Handlungen nicht ausgerichtet, reaktiv und potenziell destruktiv. Ressourcen müssen über Schönwetter-Perioden hinaus geplant oder abrufbar sein.

Medien betreiben Recherche und Marketing
Die für die USA, Österreich und die Schweiz verfügbaren Studien zeigen, dass sich Soziale Netzwerke im journalistischen Alltag etabliert haben: Die Nutzungswerte liegen zwischen 43 und 65 Prozent, wie «Medienschaffende nutzen Social Media» ab Seite 76 zeigt. Journalistinnen und Journalisten wollen auf Facebook, Xing oder LinkedIn in erster Linie eigene Netzwerke pflegen, Trends aufspüren und Ideen für Artikel finden. Hinzu kommt das Interesse, Inhalte über diese Plattformen an ein breiteres Publikum zu tragen und von der viralen Weiterverbreitung zu profitieren. Die New York Times, der Economist oder Die Zeit zählen zu den ersten Unternehmen mit ausgebauter Facebook-Präsenz.

Medien und Meinungsmacher werden diese Plattformen zunehmend nutzen, um sich ein Bild über laufende Diskussionen zu verschaffen. Ihre Präsenz auf diesen Netzwerken beeinflusst Ihre Medienarbeit auf jeden Fall. Präsenz kann vieles heißen: Ihre Marke, Ihre Organisation, Ihre Themen können
– von Ihnen selbst dargestellt werden,
– von anderen bereits besetzt sein,
– auf Kampagnen-Seiten angegriffen werden,
– auf allen Seiten in Kommentaren, Bildern, Videos auftauchen.

Diese Aufzählung illustriert einmal mehr, dass Sie wenig Kontrolle über «Ihre» Inhalte haben.

Was soll Medienarbeit in Sozialen Netzwerken?

Vodafone Deutschland hat 2009 eine Pressekonferenz mit einer eigenen Microsite[135] begleitet, sie dort übertragen und Facebook eingebunden für Live-Kommentare. Der erste öffentliche Social Media-Pressetermin Deutschlands lancierte eine neue Werbekampagne mit zahlreichen Marketing-Floskeln. Ein Facebook-Kommentar kritisierte viel heiße Luft und forderte die Umbenennung auf «Vodaföhn». Die mit Twitter und eigenem Blog[136] flankierte Aktion zeigt, dass der Erfolg der Inszenierung immer vom Inhalt abhängt.

Heute ist Vodafone Deutschland auf Facebook vor allem im Kundendialog engagiert, mit Serviceleistungen und Promotionen. Gut gelöst ist auf der internationalen Seite der Verweis zu den diversen Länderauftritten[137].

Gespräche in Sozialen Netzwerken dienen immer drei Dimensionen – sie unterstützen:

1. Reputation
Alles, was hier von Ihnen oder anderen beigetragen wird, beeinflusst die Wahrnehmung Ihrer Marken und Anliegen. Soziale Netzwerke sind ein Mosaikstein im Gesamtbild Ihrer Reputation, mit zunehmender Bedeutung und schneller Veränderung.

2. Service
Hier bekommt Ihre Organisation ein Gesicht, offene Ohren und hoffentlich ein Lächeln. Die Besucherinnen und Besucher erwarten Antworten, die übrigens oft auch andere Kunden liefern. Zum Service zählt ebenso das Aufnehmen von Feedbacks zur Optimierung von Produkten und Dienstleistungen. Inspirierende Inhalte sind ebenfalls Dienst am Kunden.

3. Absatz
Reputation und Service fördern indirekt – Sonderangebote, Wettbewerbe und Kampagnen unterstützen den Verkauf direkt. 1-800-Flowers verkauft Blumen im Facebook-Shop, Apple unterhält eine Promotions-Filiale für den App-Store[138].

Diese drei Dimensionen lassen sich vielleicht in verschiedenen traditionellen Abteilungen voneinander trennen; in Social Media Welten bricht die Trennung definitiv zusammen. Deshalb hat alles, was Sie in Sozialen Netzwerken unternehmen, auch einen Bezug zur Medienarbeit. Inhalte aus der Presse-Abteilung können das Gespräch bereichern, wenn sie auf die Ziele Ihrer Netzwerk-Präsenz eingestimmt sind.

Acht Fragen für Soziale Netzwerke in der Medienarbeit
Soziale Netzwerke eignen sich nicht für reine Presseauftritte. Medienarbeit bringt Aspekte der Reputation an den Tisch, wo Strategie und Inhalte entwickelt werden. Achten Sie dabei auf folgende Faktoren:

1. Was ist das Ziel?
Auftritte können aus der Sicht der Medienarbeit
  – die Reputation als kundenorientierte Organisation fördern,
  – Aufmerksamkeit bei Medien und Meinungsmachern wecken, deren Recherchen unterstützen,
  – die Reichweite der Medieninhalte erhöhen,
  – zusätzliche Besuche auf eigene Social Media Plattformen und Websites bringen,
  – soziale Suchresultate optimieren, wenn mehr Empfehlungen und Kommentare unter Freunden angezeigt werden.

2. Mit wem wollen wir sprechen – und wer mit uns?
Für meinungsbildende Inhalte eignen sich nur Plattformen, die entsprechende Profile und Seiten zulassen. Ist die Möglichkeit gegeben, so gibt erst eine vertiefte Recherche Aufschluss darüber, welche Gemeinschaften versammelt sind und was sie interessiert. Auf Facebook zum Beispiel besteht durchaus ein Interesse an unternehmerischen Inhalten, wenn sie wie eingangs gezeigt Exklusivität, Emotion oder Engagement versprechen.

3. Was bieten wir?
– Inhalte, von denen man etwas lernen kann. Zum Beispiel auf der Facebook-Pinnwand. Tun sie das nicht zu oft, höchstens dreimal täglich – sonst überkleben Ihre Meldungen den Strom der Neuigkeiten der abonnierten Nutzer, und Sie riskieren deren Klick auf «Gefällt mir nicht mehr». Weitere Möglichkeiten bieten ein anregender Newsletter im Firmenprofil auf Xing, der Aufbau von thematischen LinkedIn-Gruppen oder die Beteiligung an existierenden Diskussionsplätzen.
– Inhalte, die Geschichten erzählen und persönlich sind. Wie auf allen Social Media-Plattformen gilt auch hier: Geben Sie Ihren Beiträgen ein Gesicht, eine persönliche Note. Nutzen Sie die emotionale Kraft von Geschichten; am besten lassen sich die natürlich in kurzen Videos erzählen. Platzieren Sie entsprechendes Material auch auf Facebook, verlinken Sie es in anderen Netzwerken – wenn es in die Gemeinschaft passt und nicht als Promotion ankommt.
– Zu Fragen einladen, selbst fragen. Alle Kontaktmöglichkeiten sind prominent platziert, Fragen werden angeregt und von Ihnen selbst gestellt. Vorausgesetzt, Sie sind wirklich bereit, auf Antworten einzugehen, Vorschläge umzusetzen und den entstehenden Dialog offen zu zeigen.

- Links über den eigenen Tellerrand hinaus. Haben Sie etwas entdeckt, das die Gesprächspartner interessieren könnte? Eine Präsentation, ein Video, eine Studie, einen Zeitungsartikel? Geben Sie es weiter – auch wenn die Inhalte nicht von Ihrer Organisation kommen oder nicht über sie sprechen.

4. Wie hören wir zu?

Facebook, Xing, LinkedIn und andere machen per E-Mail auf eingehende Feedbacks aufmerksam. Echte Vernetzung und interessante Inhalte sichern trotzdem nur
- täglich mindestens ein Besuch der eigenen Seiten,
- regelmäßige Besuche der Seiten von befreundeten Nutzern,
- regelmäßige Besuche auf Seiten von Konkurrenz, Themen, Gruppierungen.

In intensiven Dialogphasen ist die Besuchsfrequenz zu erhöhen.

5. Wie sichern wir den Dialog?

Durch schnelle Antworten – spätestens nach einem Arbeitstag, in Krisen schneller und auch am Wochenende. Auf Facebook zählen dazu:
- Beantworten von Kommentaren zu Beiträgen,
- Eingehen auf Fragen in Diskussionen oder über Nachrichten,
- Kommentieren von Beiträgen anderer Nutzer auf der eigenen Pinnwand,
- Allenfalls Einbringen von Inhalten oder Kommentaren auf den Pinnwänden befreundeter Nutzer,
- Allenfalls direkte Ansprache von ausgewählten Medienschaffenden oder Meinungsmachern mit Facebook-Auftritt, regelmäßiger Besuch auf deren Seiten, Wissen über aktuelle Interessen und Themen.

6. Wie ist das eingebettet?
Selbstverständlich in die Gesamtstrategie – Soziale Netzwerke sind nie ausschließlich auf die Medienarbeit ausgerichtet. Auch wenn Facebook immer mehr Web-Dialoge absorbiert; die Pflege eines eigenen, zentralen Ausgangspunkts bleibt wichtig, zum Beispiel in Mediencorner, Unternehmens-Blog oder -Website.

Inhalte aus Plattformen wie Flickr, YouTube, Slideshare, Twitter lassen sich automatisch auf Facebook einspielen. Wer das Vernetzungspotenzial des Marktführers noch stärker nutzen will, der platziert den «Gefällt mir»-Knopf im eigenen Blog, auf der Website oder bei den Medienmitteilungen.

7. Wer hat die Ressourcen?
Je mehr Plattformen Sie bespielen, desto aufwändiger wird das Ganze. Nehmen wir als Beispiel eine einfache Facebook-Seite. Einfach heißt, dass keine speziellen Seiten oder Applikationen programmiert werden. Wer das Layout verändern will, kann das im sogenannten FBML-Code tun. Damit wird auch die Aktualisierung dieser Inhalte ein wenig aufwändiger. Applikationen erlauben verschiedenste Formen von Interaktionen, von Spielen bis Bestellungen.

Für das Einrichten der Seite, die Wahl der gewünschten Felder, Hochladen von Logos und Profildaten fallen je nach Umfang einmalig 1 bis 3 Tage an, nach Strategie- und Konzeptfindung. Lassen Sie unbedingt eine eigene Adresse «facebook.com/name» eintragen.

Die täglichen Besuche auf eigenen und befreundeten Seiten, das Verfolgen des nahen Umfelds, das Platzieren eigener Beiträge (mit der Annahme, dass das Produzieren der Videos, Bilder oder

Präsentationen aus anderen Ressourcen erfolgt), das Eingehen auf Fragen und Kommentare und die stete Pflege der Gemeinschaft beanspruchen bei «schönem Wetter» täglich mindestens eine Stunde, 20 pro Monat oder 12,5 Stellenprozente.

Hier sprechen wir über den Fokus Medienarbeit und einen einfachen Auftritt. Wer Facebook als Werkzeug für den Kundendienst einsetzt, wird eine wesentlich höhere Dialogfrequenz mit entsprechenden Ressourcen anstreben.

8. Wie messen wir den Erfolg?
Was ist wichtiger – die Anzahl der Freunde, Mitglieder oder die Interaktion im Netzwerk? Darüber entscheiden Sie bei der Zielformulierung. Messen lassen sich auf allen Netzwerken
- Anzahl der Freunde oder Verbindungen,
- Interaktionen über Einträge, Profilabrufe,
- Austausch von persönlichen Nachrichten,
- Tonalität und Qualität der Kommentare,
- Besuche über Facebook im Social Media Newsroom oder auf Websites,
- Eingang von Reaktionen auf Umfragen,
- Anmeldungen auf hier ausgeschriebene Veranstaltungen.

Facebook liefert einfache Analyse-Möglichkeiten für Seiten. Wer Kampagnen detailliert ausmessen will, kann Google Analytics integrieren – mit entsprechenden Programmierkenntnissen[139].

Wertvolle Impulse für die Konzeption und Programmierung von Facebook-Seiten oder Gruppen bieten diverse Leitfäden[140] und der Besuch bestehender Auftritte mit Hilfe von Verzeichnissen[141].

Social Media Plattformen

Foren und Wikis: verteiltes Wissen

«Ich versteh' nix davon, das macht alles meine Frau.»
Franz Beckenbauer[142]

Foren zählen zu den Startfunktionen des Internet, das erste Wiki wurde 1995 programmiert. Wikis sind gemeinsam erarbeitete Nachschlagewerke, auf Foren werden Wissen, Erfahrungen, Kommentare oder Smalltalk ausgetauscht. Wikipedia ist das bekannteste Wiki, 98 Millionen Stunden haben Autorinnen und Autoren in dieses globale Lexikon investiert.

Beide Sozialen Plattformen haben einen Einfluss auf die Medienarbeit. Dieses Kapitel
– vermittelt einen Einblick in Foren und Wikis,
– zeigt Möglichkeiten des Engagements,
– verzichtet auf die acht Fragen für Social Media Konzepte.

Die Einsatzmöglichkeiten für eine aktive Medienarbeit sind nur in sehr spezifischen Fällen gegeben, eine Einschätzung von Ressourcen ist nicht generell möglich.

Foren: Ein weites, wichtiges Feld
Wer schon einmal ein Problem per Suchmaschine lösen wollte, kennt wahrscheinlich Diskussionsforen. Diese virtuellen Austauschplätze sind eine wertvolle Quelle für Tipps; vom richtigen Druckertreiber bis zu Kochrezepten. Das Feld der als Foren,

Board oder Mailinglisten organisierten Diskussionsplätze ist immens und sehr beweglich; ein Wikipedia-Eintrag liefert klärende Angaben zu Formen und Entwicklung[143]. Hier beteiligen sich Meinungsmacher, Fachleute und Online-Gamer in unzähligen Nischen, abseits der großen Versammlungsplätze. Die Vielfalt erschwert die Übersicht und erhöht, je nach Thema, die Wichtigkeit für Organisationen. Denn hier versammeln sich Insider und Spezialisten, die am nächsten dran sind.

So, wie sich auf Facebook Marken-Seiten von selbst bilden, entstehen auch in diesem offenen Raum Foren zu Unternehmen – mehrere davon gibt es zum Beispiel für Mercedes-Benz[144]. Wer selbst ein Forum moderieren will, kann dazu auch die eigene Website nutzen, wie es Dell für den Support macht[145].

Ihr Kundendienst kann Foren verfolgen, um Produktprobleme frühzeitig zu erkennen. Die Medienarbeit wird Foren im Monitoring begleiten und sich je nach Problemstellung an Diskussionen beteiligen. Für das Engagement in Foren gelten dieselben Regeln wie für alle Social Media Plattformen:
- Hör zu, kenne die Gemeinschaft und die Diskussionen,
- sei relevant, aktuell und authentisch,
- beteilige dich kontinuierlich.

Was gar nicht geht, sind verdeckte Aktionen: 2009 musste die Deutsche Bahn zugeben, über PR-Agenturen massiv in Foren eingegriffen zu haben. Unter anderem waren von 2400 Beiträgen in Bahnforen des Spiegel ein Viertel bezahlt und verdeckt, zugunsten der anstehenden Privatisierung und gegen den Lokführer-Streik. Der Skandal führte zu Imageschäden und Freistellung des PR-Verantwortlichen[146].

Wikipedia: Geduldig üben

«Wiki» heißt «schnell» auf Honolulu, deshalb hat Ward Cunningham sein erstes Programm für den vernetzten Aufbau von Wissen Wiki genant. Wikipedia ist das bekannteste Beispiel, darüber hinaus existieren eine ganze Auswahl Wissens-Datenbanken, öffentlich zugänglich oder unternehmensintern aufgebaut.

Wikis sind Social Media im wahrsten Sinn des Wortes: Ihr Inhalt kommt nur durch die Beteiligung vieler Nutzer zustande. Wer hat Zeit für so was? Der amerikanische Autor und NYU-Dozent Clay Shirky stellt die von ihm berechneten 98 Millionen Stunden für alle heute existierenden Wikipedia-Inhalte in Bezug zum Fernsehkonsum: Jedes Wochenende schauen alleine die Amerikaner 98 Millionen Stunden TV-Werbung. Sie alle zusammen könnten in dieser Zeit ein neues Wikipedia aufbauen.

Für die 250 gepflegten Sprachen sind weltweit rund 12 Millionen Autorinnen und Autoren registriert, etwa 300.000 davon sind in einem Monat aktiv[147]. Seiten ändern kann man auch ohne sich zu registrieren. Trotzdem sind Änderungen über die dabei verwendete IP-Adresse rückverfolgbar. Der WikiScanner[148] macht öffentlich abrufbar, von welcher Organisation aus welche Seiten geändert wurden.

Wer auf Wikipedia Einträge erfassen oder ändern will, muss sich in Geduld üben: Administratoren kontrollieren jede Änderung und löschen, was aus ihrer Sicht nicht auf die Seite passt. Diese Funktion erlangen Personen, die länger dabei sind und viele Artikel erstellt oder korrigiert haben. Ihre Chancen für Einträge[149] sind klein, sie steigen mit der Aktivität als registrierter Wikipedianer, der Bedeutung eines Unternehmens, objektiv geschriebenen Beiträgen, Fakten und Quellenangaben.

Wikis in der Medienarbeit

Gibt es in Ihrem thematischen Umfeld ein öffentliches Wiki? www.pharmawiki.ch oder www.pflegewiki.de werden auch Heilmittelproduzenten interessieren. Einige von ihnen haben das Pandemie Wiki[150] zum Deutschen Pandemie Symposium von 2009 gesponsert. Angebote für Motorradreisen, Pferde oder die Gartenpflege listet ein Verzeichnis der deutschsprachigen Wissensplattformen[151].

Ein Engagement in relevanten Wikis kann Ihre Medienarbeit verstärken, rechtfertigt sich aber nur mit der Gesamtsicht von Kundendienst bis Meinungsbildung.

Ein eigens gepflegtes Wiki kann Aufhänger für Ihre Medienarbeit liefern. Der Schweizer Handelskonzern Migros lancierte 2010 mit www.migipedia.ch eine Mischung von Produkt-Datenbank, Bewertung und Kommentar-Austausch. Salzburg unterhält ein Wiki mit allen Informationen zur Stadt[152], der deutsche Kabelnetzbetreiber TeleColumbus verbindet Wiki und Foren auf einem Community Portal[153].

Der Aufwand dafür ist groß, Aufbau und Pflege verlangen Ausdauer. Voraussetzungen für Erfolg sind
- ein Thema, das Nutzer zum Mitmachen motiviert,
- Inhalte, die ein breiteres Publikum ansprechen,
- die Offenheit, fremde Autoren an den Inhalten zu beteiligen.

Social Media Plattformen

Bewertung und Standort: offen bleiben

**«Ich denke, es gibt weltweit einen Markt für vielleicht fünf Computer.»
Thomas Watson, CEO von IBM, 1943**

Bis 2014 sollen weltweit 2 Milliarden Personal Computer im Einsatz sein[154]. Wie wird sich bis dahin der Markt für Bewertungs-Seiten und Standort-Applikationen verbinden? Wer wird ihn besetzen – und was davon ist für die Medienarbeit relevant?

Dieses Kapitel
- gibt Tipps für den Umgang mit Bewertungen,
- zeigt erste Möglichkeiten von Standort-Anwendungen.

Bewertungsseiten: nur für Motzer?
Eine Sonderkategorie unter den Sozialen Netzwerken bilden Seiten für den Austausch von Bewertungen. Am beliebtesten dürften diese Treffpunkte bei Online-Reise-Recherchen sein. Sie heißen zum Beispiel Tripadvisor, HolidayCheck oder Travelfeedback. Anbieter und Tourismusorganisationen beteiligen sich mit Promotionen, gesponserten Links und beobachten die eingehenden Bewertungen. Bewertende sind subjektiv, die meisten engagieren sich nur einmal jährlich. Partygänger haben dabei andere Kriterien als Familien oder Kulinariker.

Im Meinungsmarkt für neue Mitarbeitende buhlen Kununu, Bizzwatch, Jobvoting oder Kelzen um Bewertungen für Jobs und Arbeitgeber. Imedo und Helpster sind Plattformen mit Bewertungen im Gesundheitsbereich; Spickmich und MeinProf mischen im Bildungswesen mit. Auf Qype wird vieles mit Sternchen versehen, vom Restaurant über Boutiquen bis zur PR-Agentur.

Weniger bekannt dürfte sein, dass auch Google Maps Bewertungen enthält – für angemeldete Besucher und auf bei Google erfassten Anbieter-Seiten. Mit einem Unternehmens-Eintrag sichern Sie sich eine bessere Positionierung bei Karten-Suchen.

Alles nur für Motzer? Auch wenn diese Online-Variante der Mund-zu-Mund-Propaganda zur anonymen Anschwärzung genutzt wird: Die Inhalte haben einen Einfluss auf Kaufentscheidungen und die Haltung gegenüber einem Angebot oder einer Organisation.

Checklist für den Umgang mit Urteilen
Vielleicht nutzen Sie die folgende Checklist in Ihrer Pressestelle – oder sie geht weiter an den Kundendienst:

1. Monitoring: Besuchen Sie relevante Plattformen regelmäßig. Einige erlauben eine Benachrichtigung per E-Mail, wenn Ihr Angebot betroffen ist. Evaluieren Sie die immer wieder neu auftauchenden Möglichkeiten – dabei hilft bei der Google-Suche nach Ihren Themen in der linken Spalte ein Klick auf «Mehr» und dann auf «Diskussionen».

2. Öffnung: Stellen Sie Ihr Angebot in Plattformen, wo das möglich ist. Damit öffnen Sie sich für den Dialog – und für Buchungen oder Besuche. Binden Sie wichtige Plattformen in Ihre Website

ein, wo Widgets diese Verbindung ermöglichen. Laden Sie Kunden ein, Sie zu beurteilen.

3. Dialog: Wo Kommentare möglich sind, beantworten Sie unverzüglich ernst gemeinte Kritik und Lob. Nehmen Sie Kritik ernst, verbessern Sie Ihr Produkt oder Ihre Dienstleistung, kommunizieren Sie getroffene Maßnahmen.

4. Krise als Chance: Schockiert Sie eine Bewertung? Kontaktieren Sie die Person per E-Mail oder telefonisch. Stellen Sie eine Frage und hören Sie dann lange zu. Wenn es Ihnen gelingt, die Sache nicht persönlich zu nehmen, können sich Türen öffnen. Vielleicht wird der Motzer zum wertvollen Multiplikator. Vielleicht ist kein Dialog möglich. Verzichten Sie auf rechtliche Schritte, sie kosten Zeit und Energie. In der Schweiz ist nach Angaben des Datenschützers eine Entfernung durch Betroffene möglich[155], in Deutschland ist die Sachlage komplexer[156].

5. Team: Tauschen Sie die erhaltenen Feedbacks mit Ihren Mitarbeitenden aus, beteiligen Sie sie an der Optimierung des Angebots.

Standort: heute schon eingecheckt?
An Straßenkarten und GPS auf Mobiltelefonen haben wir uns bereits gewöhnt. Erst die Techies unter Ihren Medienkontakten werden Dienste wie Gowalla oder Foursquare nutzen: Hier kann man einem definierten Freundeskreis mitteilen, wo man gerade ist. Das geschieht durch das Einchecken vor Ort, mit PC, Mobiltelefon oder Tablet. Die Harvard Universität hat den Campus auf www.foursquare.com/harvard erfasst und will so den Austausch von Studierenden, Eltern und Gästen vor Ort fördern. Diese

Dienste lassen sich auch einsetzen, um an Kongressen oder Seminare Kontakte unter den Teilnehmenden zu begleiten.

Twitter, Google Buzz und andere verbinden Kurzmeldungen mit dem Standort des Nutzers. Man kann also auch sehen, ob Freunde in der Nähe am Microbloggen sind. Von Facebook erwartet man schon länger eine Einbindung von Geo-Daten in Kurzmeldungen.

Die Verbindung von Inhalt und Daten wird weitere interessante Folgen mit sich bringen – für das Marketing und für die Vernetzung: Mobiltelefone mit Internet-Anschluss und Kamera werden Kommentare und Bewertungen anzeigen, wenn man sie auf ein Museum, ein Hotel, ein Restaurant oder eine Boutique richtet.

Was heißt das für Ihre Medienarbeit? Wir werden sehen. Vielleicht wagen Sie im Zusammenhang mit dieser Frage einen Besuch auf www.blippy.com oder www.tagwhat.com. Blippy teilt jeden Online-Einkauf an Freunde mit, Tagwhat verbindet Inhalte mit Geodaten und Ansichten vor Ort – auch Augmented Reality genannt.

«Marken, die Einfluss wollen, müssen reden – nicht mit kopflosem Geschwätz, sondern mit seriöser, authentisch präsentierter Information.»
Martin Sorrell[157]

Der neue Dialog

Monitoring heißt Zuhören und Handeln

«Mir wurde gesagt, dass die Auswertung von Informationen auf dem Internet es ermöglicht hätte, das Problem frühzeitig zu erkennen.»
Papst Benedikt XVI[158]

Auch im richtigen Leben beginnen Gespräche mit Zuhören. Daraus entstehen die Grundlagen für strategische Entscheidungen, das frühe Erkennen von Themen und den laufenden Dialog. Dieses Kapitel bringt acht Schritte zu Ihrem individuellen Monitoring:

1. Ziele setzen: Wichtig ist, was zu Handlungen führt
Was wollen Sie mit einer Beobachtung erreichen? Genügt die Erfolgskontrolle der klassischen Medienarbeit, ausgeweitet auf Blogs und Online-Medien? Sind Sie zur Ausrichtung Ihrer Medienarbeit angewiesen auf weiterführende Inhalte und Gespräche? Was wollen Sie mit diesen Resultaten anfangen, welche Ziele aus bereits geschriebenen Konzepten werden damit überprüft? Falls Social Media Engagements bestehen: Welche dort definierten Ziele lassen sich hier messen?

Definieren Sie realistische Zielsetzungen, angepasst auf Umfang und Ziele Ihrer Medienarbeit, die Ressourcen für Auswertung und Aktion.

2. Ressourcen planen: 5 bis 25 Stellenprozente
Hier wartet der erste Realitätscheck für Ihre Zielformulierung: Was können Sie verarbeiten? Auch wenn Sie sich die aufwändigste Überwachung leisten können – wer reagiert auf die in Echtzeit eintreffenden Resultate? Welche Abläufe und Zuständigkeiten stellen sicher, dass Daten gesehen werden und zu Handlungen führen? Wer definiert die Handlung, löst sie aus, erledigt sie, überprüft die Ausführung, erkennt Möglichkeiten zur Verbesserung? Wie vermeidet man Doppelspurigkeiten, so dass bei großen Unternehmen nur eine Person auf eine Meldung reagiert? Wie sieht es aus mit einer Stellvertretung? Sind in Krisenzeiten Reserven abrufbar?

Denken Sie daran: Sie müssen nicht alles tun, was möglich ist. Die Kunst liegt im richtigen Mix von Zielen, Ressourcen – und Suchfeld. Und der Fokus liegt immer in der Frage: Was fangen wir (wirklich) damit an?

Für gezielte Besuche und ein manuelles oder maschinelles Online-Monitoring benötigen Sie täglich eine halbe Stunde bei einem begrenzten Suchfeld, einfachen Auswertungen und wenig Handlungsfeldern – oder bis zu zwei Stunden bei einem breiten Online-Engagement und laufender Interaktion mit den erkannten Gesprächspartnern. Hier entstehen also gerundet weitere 5 bis 25 Stellenprozent an Arbeitsbelastung.

3. Suchfeld eingrenzen: Immer wieder von Neuem
Die Social Media Landkarte von Seite 10 vereinfacht ein expandierendes Universum von Plattformen, Inhalten und Gesprächsfetzen. Es unterstützt Sie bei der Aufgabe, sich immer wieder auf das Wesentliche zu konzentrieren. Dasselbe gilt fürs Monitoring: Welche dieser Plattformen verfolgen Sie? Die Antwort hängt ab

von den Zielen, Ressourcen und bestehenden Engagements. Im Rahmen der Evaluation werden Sie dieses Suchfeld immer wieder anpassen: Erhalten Sie zu viel oder zu wenig Material für sinnvolles Handeln? Sind neue Plattformen auswertbar, die wichtig sind für Ihre Medienarbeit? Sind Sie selbst auf neuen Plattformen aktiv oder prüfen Sie zuerst den Einstieg?

Schwierig bleibt die sprachliche und geografische Eingrenzung: Sind englischsprachige Quellen unwichtig, wo werden sie zugeteilt? Erfolgt die Länderzuteilung durch den Anbieter? Die Abgrenzung nach .ch lässt in der Schweiz registrierte .com-Adressen links liegen.

4. Aktiv besuchen: Eintauchen und Lernen

Der erste Schritt der Umsetzung ist der aktive Besuch von ausgewählten Plattformen. Vielleicht sind es Webseiten, Blogs, Foren oder Flickr-Sammlungen – die Priorität liegt bei
a) eigenen Inhalten: Wo Sie selbst am Gespräch teilnehmen, sind regelmäßige Besuche wichtig. Beobachten Sie Inhalte und Dialoge, folgen Sie den Links teilnehmender Meinungsmacher.
b) stark auf Ihre Inhalte bezogenen Drittseiten: Was läuft auf Wikipedia, Foren, Bewertungsseiten? Wählen Sie periodisch die wirklich wichtigsten und schauen Sie sich ein wenig um, über gerade eintreffende Meldungen hinaus.
c) Dingen, die Relevanz entwickeln: Gibt es Plattformen, die für Ihre Medienarbeit an Bedeutung gewinnen?

Vielleicht genügt dieser Schritt für Ihr ganzes Monitoring. Und falls Sie bis hin zu ausgebauten Gesamtanalysen gehen: Nehmen Sie sich trotz der Maschinenresultate hie und da Zeit für diese etwas offeneren Filialbesuche.

5. Manuell überwachen – mit vielen kleinen Helferlein

Diese zweite Stufe der Auswertung verursacht keine externen Kosten, ist technisch ein wenig anspruchsvoll und die Möglichkeiten verändern sich laufend. Da der Schritt zu externen Dienstleistern schnell monatliche Kosten ab vierstelligen Beträgen verursacht, ist Handarbeit in vielen Fällen die beste Option. Die Tipps dazu:

Abonnierte Suchen:
Google, Bing oder Yahoo können Suchresultate automatisch ausliefern, per RSS oder E-Mail. Voraussetzung für diese «Alerts» ist, dass man sich kostenlos bei den Anbietern registriert, eine Suche erfasst und die Abo-Einstellungen auswählt. Das klingt super, ist aber in der Realität oft nicht ganz so sicher: Resultate werden manchmal nicht oder mit großer Verzögerung geliefert. Ausprobieren lohnt sich, auch als Kontrolle von bei Dienstleistern oder anderswo laufenden Monitorings[159].

Spezialisierte Suchen:
- Google bietet beim Anzeigen von Suchresultaten in der linken Spalte «Mehr» an, worauf sich verschiedene Einschränkungen ermöglichen: «Blogs» fokussiert auf Weblogs, «Diskussionen» auf Foren; «Social» zeigt nur Facebook und Twitter-Meldungen, mit laufender Echtzeit-Aktualisierung. Bing startet mit www.bing.com/social.
- www.search.twitter.com/advanced führt zur erweiterten Suchoption dieser Plattform. Sie können Suchen auch ohne eigenes Konto eingeben, mit abonnierbaren Alerts.
- www.backtweets.com durchforstet Links in Tweets und entdeckt Ihre Marke auch, wenn sie in einer verkürzten Internet-Adresse versteckt war.
- www.twittercrawl.de findet alle Tweets in Deutschland und zeigt Erwähnungen auf Zeitachse und Landkarte.

- www.socialmention.com/advanced_search bietet eine Gesamtsuche auf verschiedenen Plattformen, samt Alerts und kostenlos. Die dazu gesetzten Grafiken sind lustig, wichtiger ist die Auflistung der Resultate[160].
- www.friendfeed.com öffnet die erweiterte Suche erst nach einem Login. Dieser Dienst sammelt zahlreiche soziale Kanäle der dort eingetragenen Nutzer.

Such-Hilfen:
Auf Ihrem Radar werden Marken, Mitbewerber und Meinungen sein. Der Filter entscheidet über den Erfolg aller Fangversuche. Wer «*Omega*» sucht, wird die Uhrenmarke unter laufend eingehenden Resultaten kaum erblicken. Die Kunst liegt in der richtigen Kombination von Begriffen und im Ausschließen von nicht interessanten Quellen. Das kann ziemlich knifflig und soll kurz sein. Für Twitter-Suchen zum Beispiel müssen diese Suchketten unter 140 Zeichen liegen. www.google.de/advanced_search vermittelt die wichtigsten Optionen in einem Formular; die danach angezeigte Suchkette lässt sich einfach ohne die Google-Adresse aus dem Browser kopieren.

RSS-Feedreader:
RSS-Abos lassen sich in einem Feedreader lesen, sortieren und allenfalls noch weiter filtern. Eine Übersicht von Programmen oder webbasierten Lösungen bietet www.rss-reader.de, stark verbreitet sind www.reader.google.com oder www.netvibes.com.

6. Dienstleister nutzen: Bequem, breit, nicht billig
Im Bereich Online-Monitoring sind seit Jahren die verschiedensten Anbieter unterwegs: Die Palette reicht von klassischen Medienbeobachtern, die auch Online-Quellen einpflegen, bis hin zu kleineren oder ausgebauten Social Media Lösungen.

Vielleicht genügt es, wenn der bestehende Medienbeobachtungs-Dienst zusätzlich Online-Quellen einpflegt. Weil Ihr Monitoring-Ziel das Auswerten der Medienarbeit ist und Sie auf ein Verfolgen von Online-Diskussionen verzichten können. Fragen Sie nach, welche Quellen abgedeckt sind, wie diese Auswahl erweitert werden kann, wie schnell geliefert wird, in welchen elektronischen Formaten, was das kostet. Wenn die Quellen aus Ihrem Suchfeld dabei sind, machen Sie einen Test. Es kann sich lohnen, parallel dazu einige Ihrer manuellen Suchen weiter laufen zu lassen: So stellen Sie schnell fest, ob die relevanten Inhalte geliefert werden.

Anbieter wie www.meltwater.com oder www.bluereport.net bewegen sich in einem Mittelfeld: Sie sind auf das Erfassen von Inhalten fokussiert, mehrsprachig ausgelegt und pflegen gute Quellendatenbanken. Wenn der Medienbeobachtungs-Dienst die Online-Inhalte nicht passend bietet, kann dieser Zusatz sinnvoll sein. Je nach Auslegung entstehen monatliche Kosten im hohen dreistelligen Bereich. Einige Schritte weiter gehen Lösungen wie www.sysomos.com, www.radian6.com oder Meltwater mit Buzz[161]. Alle drei Anbieter sind bezüglich Quellen und Support derzeit am stärksten in Richtung deutschsprachigen Raum unterwegs. Noch stark US-lastig sind www.buzzient.com oder www.scoutlabs.com. Die Liste verändert sich laufend, der Wettkampf um den europäischen Markt hat gerade erst begonnen.

Die Kunst liegt darin, nicht zu viel einzukaufen. Was bringen täglich tausend Resultate samt Fieberkurve und Kuchengrafik, wenn vor lauter Daten niemand mehr den Durchblick hat? Arbeiten Sie mit der schönen Positiv-Neutral-Negativ-Anzeige, oder ist sie nur ein Verkaufsargument des Anbieters?

Achten Sie beim Outsourcing auf folgende Punkte:
- Sprache des Programms;
- Einfache, zentrale Eingabe von Suchen und Filtern;
- Unterstützung bei Erst-Einrichtung: Kosten, Nähe, Sprache;
- Einfache Oberfläche für Abfragen und Handlungen;
- Schnelle Anzeige der relevanten Meldungen;
- Workflow: Reaktion aus dem Programm heraus, Delegation;
- Umfang der Quellen: Alle gewünschten Online-Medien, Blogs, Microblogs, Foren, Soziale Netzwerke;
- Quellenangaben zu Sprache, Ländern;
- Profilangaben, Wichtigkeit einer Quelle;
- Schnelles, unkompliziertes Erfassen neuer Quellen durch Anbieter, Eingehen auf Rückmeldungen von Sprache, Land;
- Sprachanalyse in welchen Sprachen, Beispiele;
- E-Mail- oder SMS-Alerts, definierte Meldungsschwellen;
- Exportmöglichkeiten in Mail, Dokumente, RSS-Feeds;
- Kostenmodell fix, nach Umfang, nach Abfragen, nach Usern;
- Archivierung von Inhalten, Kosten für Zusatz-Archiv;
- Analysemöglichkeiten historisch, Kosten;
- Referenzen: Gespräch mit Kunden, die das Tool verwenden.

Wer den Anbieter wechselt, nimmt viel Aufwand fürs Neueinrichten auf sich und verliert das Archiv. Vielleicht wollen Sie wichtige Inhalte speichern, lokal oder auf Diensten wie www.evernote.com und www.memonic.com. Die sogenannten Sentiment-Analysen sind nett, aber verfänglich: Alles, was nicht zugeordnet werden kann, wird zu «neutral». Aussagekräftig sind die Auswertungen erst ab einer großen Zahl von Treffern. Deutsch, Französisch und Italienisch lernen die Programme zum Teil erst.

7. Handeln: Wer tut das Richtige?

Damit wären wir wieder zurück auf Feld 1: Egal, ob Sie täglich ein paar Fische oder einen ganzen Schwarm entdecken – wo sind die dicken Brocken, welche faulen schnell? Was ist für Ihre Medienarbeit relevant, was für Marketing und Kundendienst?

Diese Entscheidungen sind schnell zu treffen. Wenn die Verarbeitung zu lange dauert, kommen die Antworten zu spät an.

Hier zeigt sich wiederum der Vorteil der direkten Besuche bespielter Plattformen – durch Personen, die dort sofort reagieren können. Eine ausgebaute Monitoring-Lösung kann von diesen schnellen Reaktionen ablenken. Sie muss auf alle Fälle so eingerichtet sein, dass die wichtigen Gespräche sofort aufgenommen werden.

Handeln heißt: Das Wesentliche erkennen, die passende Art der Gesprächsführung finden, sie umsetzen. Das funktioniert nicht mit Abnahmeschlaufen durch diverse Abteilungen. Richtig lebendig werden diese Gespräche nur, wenn auf jeder Plattform Personen präsent sind, die ihre Gemeinschaft mit der Zeit kennen, Ernst nehmen, eine Verbindung pflegen.

8. Evaluieren: Ziele erreicht?

Hat das ganze Monitoring-System dieses Handeln nun erleichtert, zielgerichtet geführt? Muss alles ein wenig reduziert werden oder war der Beobachtungsraum zu eng gesetzt? Gibt es neue Werkzeuge? Mindestens einmal jährlich ist das Monitoring mit dem ganzen an Social Media beteiligten Team zu überprüfen.

Der neue Dialog

Umsetzung:
die Sicht des Ganzen

«Denk an die großen Dinge, wenn du kleine Dinge tust – damit all die kleinen Dinge in die gewünschte Richtung führen.»
Alvin Toffler, Autor und Zukunftsforscher

Bis hierher haben wir das ganze Universum der Social Media Landkarte besucht:

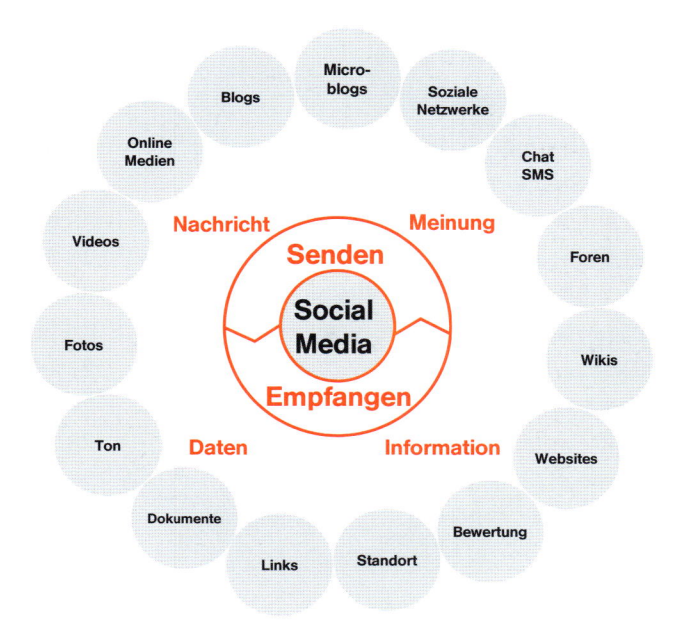

Abbildung 1: Social Media Landkarte (Marcel Bernet)

Online-Medienarbeit heißt nicht: überall mitmachen. Sondern eine bewusste Entscheidung treffen bezüglich eines Engagements, der zu erreichenden Ziele und damit verbundenen Konsequenzen.

Ressourcen: schnell bis zwei Stellen

Die Auflistung der bis hierher definierten Stellenprozente summiert sich zu einem Total von einem bis anderthalb Arbeitsplätzen. Wer nur den Mediencorner realisiert, bleibt bei 20 Prozent Mehraufwand für die Pressestelle. Wer einiges umsetzt, viele Inhalte und vor allem einen ausgebauten Dialog pflegt, landet schnell bei zwei zusätzlichen Stellen. Die Annahmen sind immer aus der Sicht einfacher Medienarbeit gemacht worden. Der Aufwand für mehrsprachige Auftritte, breit angelegte Meinungskampagnen oder integriertes Social Media Marketing liegt höher.

Social Media in der Medienarbeit	Stellenprozente
Websites: Mediencorner bis Social Media Newsroom	20 - 50
Bewertung und Standort: Nicht abschätzbar	
Links: 2 mal pro Monat bereitstellen, Dialog	1 - 3
Dokumente: 4/Monat hochladen, auszeichnen	1 - 3
Ton: 1 Episode/Monat, Produktion, Dialog	5 - 10
Fotos: 10 Bilder/Monat, hochladen, pflegen, Dialog	2,5 - 5
Videos: 1 Episode/Monat, Produktion, Dialog	25 - 40
Blogs: 12 Beiträge/Monat, Produktion, Dialog	20
Microblogs: 40 Tweets/Monat, Schreiben + Dialog	12,5
Soziale Netzwerke: Einfache Inhalte, Dialog	12,5
Foren und Wikis: Sehr abhängig vom Engagement	
Monitoring	5 - 25
Total gerundet	105 - 180

Abbildung 18, Ressourcen Social Media in der Medienarbeit (Marcel Bernet)

Social Media integriert sich Schritt für Schritt
Die gelisteten Prozentangaben sind in den Kapiteln zu jeder Plattform näher ausgeführt. Wichtig ist, dass
– es sich um Annäherungen handelt,
– Minimalwerte für einfache Umsetzungen enthalten sind,
– bei Links, Dokumenten, Fotos und Sozialen Netzwerken keine Ressourcen für das Erstellen von Präsentationen, Bildern und anderen Inhalten berechnet sind,
– die Angaben sich nur auf den laufenden Unterhalt beziehen, teilweise sind Initialkosten abgeschätzt,
– je nach Umfang des Engagements zusätzlich Zeit für die laufende Evaluation und Neuausrichtung der Auftritte anfällt.

Also gar nicht erst anfangen? Doch, aber bewusst und Schritt für Schritt. Diese Aufstellung will Ihr Bewusstsein schärfen: Je klarer die Konsequenzen eines Engagements sind, desto besser wird Ihr Auftritt ausfallen. Und wenn Sie sich bei einer Plattform für ein Nein entscheiden, so ist dieses nachhaltig begründet.

Social Media Kompetenz wird 2015 zum Grundwissen jeder PR-Stelle zählen – wie heute der Umgang mit E-Mail oder Suchmaschinen. Dann werden wir dort sein, wo zum Beispiel Dell nach Krisen und Versuchen bereits ist: Ohne separate Social Media Abteilung, mit auf allen Kanälen engagierten Mitarbeitenden[162].

Der neue Dialog

Strategie: drei Phasen und Richtlinien

**«Wenn ich eine Strategie definiert hätte, hätten wir nie etwas umgesetzt.»
Matthias Lüfkens, World Economic Forum[163]**

Mangels Ressourcen hat Matthias Lüfkens einfach mal losgelegt. Heute pflegt das WEF eine globale Präsenz auf Flickr, YouTube, Facebook und Twitter[164]. Grundlagen sind stärker definiert, drei Mitarbeitende widmen sich den zahlreichen Auftritten.

Engagements in Social Media gestalten sich in drei Phasen:

```
        1.
      Zuhören
        2.                Monitoring
     Definieren           Besuchen
Antworten  Konzipieren    Fragen
Anregen    Einbetten
Handeln    Optimieren
        3.
     Engagieren
```

Abbildung 19, Drei Phasen für Social Media Engagements (Marcel Bernet)

1. Zuhören
Schon bevor sie irgendwo mitmachen, verfolgen Sie laufend
- Meinungen und Äußerungen über Ihre Organisation,
- die Bedürfnisse Ihrer Ansprechpartner auf der Medienseite, klassisch und Online,
- Meinungsplattformen über die etablierten Medien hinaus,
- die Präsenz von Interessensgruppen und Konkurrenz.

Dann entscheiden Sie, was allenfalls ansteht. Bezogen auf unternehmerische Zielsetzungen und Ressourcen. Auch wenn Sie schon «drin» sind, optimiert dieses breite Monitoring den Dialog. Zuhören heißt dann zusätzlich
- steter Besuch der bespielten Plattform, über eigene Seiten hinaus, auch im Umfeld,
- Fragen stellen, zur Beteiligung und Feedbacks aufrufen.

2. Definieren
Wer Auftritte skalieren möchte, braucht eine Strategie. Zur Definition gehören
- Konzipieren: Das Festhalten von Zielen, Zielgruppen, Inhalten, Ressourcen und Evaluation. Ergänzt durch einfache Richtlinien für den Umgang mit Social Media im ganzen Unternehmen.
- Einbetten: Jedes Engagement soll andere Aktivitäten verstärken, die Vernetzung von Inhalten, Gesprächen und Abläufen muss gesichert sein, auch als Teil der Unternehmenskultur.
- Optimieren: Konzepte und Richtlinien sind so gut wie deren Umsetzung; diese wiederum bringt wertvolle Feedbacks für die Verbesserung im Tagesgeschäft und bei periodischen Auswertungen mit dem Management.

3. Engagieren
In der täglichen Arbeit wird der Kreislauf sich aufs Zuhören und Engagieren fokussieren. Die dritte Phase ist mit dem Zuhören die Hauptphase und umfasst:
- Antworten auf Fragen, aber auch auf Kommentare, Kritik, Lob, Bewertungen, erhaltene Videos, Bilder oder Links.
- Anregen durch Inhalte, die etwas bringen.
- Handeln in dem Sinne, dass Rückmeldungen ernst genommen werden und zu besseren Leistungen führen.

Social Media Richtlinien: einfach und lebendig
Im Mitmach-Web können alle dabei sein, auch Ihre Mitarbeitenden; privat oder geschäftlich. Die weltweit größte PR-Agentur Edelman fordert Beraterinnen und Berater auf, sich in Sozialen Plattformen zu engagieren. 1000 sind auf Twitter, 2000 auf Facebook unterwegs, mit privaten Profilen[165].

Wie auch immer Sie den Umgang Ihres Teams mit Social Media regeln: Halten Sie die Grundlagen in einfachen Richtlinien fest. Schon die Erarbeitung wird Sie mit möglichen Szenarien konfrontieren, auf die Sie dann vorbereitet sind. Fehler werden trotzdem passieren: Das Ziel ist nicht Kontrolle, sondern das Schaffen eines Bewusstseins. Worauf lässt sich Ihre Organisation ein und worauf Ihre Mitarbeitenden, wenn Sie hier aktiv werden?

Viel wichtiger als schriftliche Regeln ist der lebendige Umgang mit ihnen und mit Social Media: Erklären Sie Ihrem Team, was ein Engagement bringen soll, welche Philosophie und Strategie Ihr Dialog verfolgt, was die Mitarbeitenden dazu beitragen können. Und zwar bevor die erste Facebook-Seite aufgeschaltet ist.

Informieren Sie regelmäßig über Erfahrungen, hinterfragen und aktualisieren Sie die Richtlinien. Sie sollten folgende Punkte umreißen:

1. Welche Social Media sind gemeint
Damit allen klar ist, ob jetzt ein Kommentar auf einer Website genau so in diesen Rahmen gehört wie ein persönlicher Tweet.

2. Grundidee des Social Media Dialogs
Wieso engagiert sich Ihre Organisation? Wie definieren Sie Ihre Grundhaltung? Welche Qualität sollen die Inhalte erreichen?

3. Einsatz von Social Media durch Mitarbeitende
Welche Regeln gelten für Beiträge, privat und geschäftlich mit Bezug zur Organisation?

Vorlagen und Beispiele unterstützen Sie dabei: Der Bundesverband Digitale Wirtschaft BVDW hat einen Leitfaden mit 10 Tipps als Orientierungshilfe veröffentlicht, die amerikanische Agentur SHIFT hilft mit einer Kurzvorlage, über 100 englische Beispiele listet Social Media Governance[166].

Der neue Dialog

Die Zukunft: integraler Dialog im steten Wandel

**«Medien sind sozial: alle Medien, immer schon.»
Stefan Münker** [167]

So nüchtern, wie der deutsche Medienwissenschaftler Social Media einordnet, so nüchtern darf man auf die bisherigen Seiten dieses Buches zurück blicken. PR war schon immer auf die Gesellschaft ausgerichtet, suchte die Verbindung und den Austausch. Vom Presse- und Reclamebüro Julius Maggis bis Vodafones Facebook Medienkonferenz hat sich vieles verändert. In fünf Jahren wird Social Media Kompetenz etwas sein, das ganz einfach zum Handwerk der Medienarbeit zählt – wie die Arbeit mit E-Mail und Suchmaschinen.

Zum Schluss zeigen sieben Thesen, was diesen Wandel prägt.

1. Das Web dominiert die Meinungsbildung

Die Zahlen in diesem Buch werden schon nächstes Jahr höher liegen: Mehr Inhalte werden online konsumiert werden, Medien werden noch digitaler, Entscheidungen werden noch stärker durch Empfehlungen von Freunden und Suchmaschinen beeinflusst sein. Dabei wird die Grenze zwischen Inhalten von Bloggern, Meinungsmachern, Freundeskreis und klassischen Medien weiter verschwimmen. Alle werfen ihre Kompetenz, ihre Werthaltungen, ihre Absichten in den wachsenden Strom der Informationsschnipsel. Er wird an den Nutzern vorbei ziehen und sie werden entscheiden, wann sie was davon zu Rate ziehen. Mit ihrer persönlichen Medienkompetenz, Werthaltung und Absicht.

2. Schwarze Löcher schlucken Inhalt und Dialog
Heute zeichnen sich drei schwarze Löcher ab: Facebook, Google und Apple. Immer mehr Inhalte, Kommentare und Anwendungen landen auf Facebook, immer mehr Nutzer bleiben immer länger auf dem großen blauen Sofa sitzen. Mit der Bewertung von Inhalten und dem Wissen um Profile konkurriert dieses Soziale Netzwerk das schwarze Loch der Suchmaschinen: Google. Was dort nicht auf der ersten Seite der Suchresultate steht, existiert nicht. Apple schließlich bastelt an einer integrierten Geräte-Plattform mit iTunes, iBooks und App-Store als geschützte Marktplätze. Interessanterweise kämpft heute Google mit offenen Betriebssystemen und Plattformen gegen den einstigen Partner.

Vielleicht verliert eines dieser schwarzen Löcher bald seine Anziehungskraft und ein anderes löst es ab. Der Kampf um Aufmerksamkeit und Marktanteile tobt. Inhalte und Dialoge müssen dort platziert werden, wo die Gesprächsteilnehmer sitzen.

3. Gehört wird, wer inspirierenden Inhalt bietet
Das Mitmach-Web bietet auch Organisationen neue Chancen. Wer Inhalte auf die Bedürfnisse von Zielgruppen zuschneidet, kann zum Themenführer in bestimmten fachlichen Nischen werden. Der Aufbau einer interessierten Gemeinschaft verlangt multimediale Inhalte auf verschiedenen Plattformen, einen hohen zeitlichen Einsatz und Durchhaltewillen.

Websites von Organisationen werden weiterhin Aufmerksamkeit erhalten, wenn sie Inhalte von vielen Plattformen zentral aggregieren, dialogisch geführt sind und auch Inhalte von Kunden enthalten.

4. Gespräche werden leise, persönlich, beschleunigt
Leise deshalb, weil nach der Phase der Begeisterung eine gewisse Beruhigung einkehren wird. Wer länger auf Social Media unterwegs ist, ärgert sich bald über zu viele Tweets, Facebook-Einträge oder Blogposts. Organisationen werden lernen, sich aufs Wesentliche zu konzentrieren und Dialoge durchaus auch einmal unkommentiert zu verfolgen.

Persönlich meint, dass hinter jedem Firmen-Auftritt Menschen stehen. Mit einem Profilfoto, einer direkten Mail- oder Twitter-Adresse, auf Facebook auch mal in einem Chat ansprechbar. Nachhaltige Engagements funktionieren nur so. Sie lassen sich deshalb nur für die Konzeption oder Teilaufgaben vom CEO an die PR-Abteilung oder von dort in die Agentur delegieren.

Beschleunigt wird alles, auch die Medienarbeit. Nachrichten werden an sieben Tagen während 24 Stunden produziert. Augenzeugen berichten vom Unfallort, Konferenzteilnehmende bloggen über den CEO, Medienschaffende oder Mitarbeitende twittern aus der Pressekonferenz. Es gibt keine kontrollierten Verteiler, viele reden mit, viele leiten weiter. Das Timing von Inhalten mit Sperrfristen wird schwierig. Im Verlauf von Kampagnen oder Krisen kennen Mediencorner, Facebook-Pinnwand oder Blog keine Bürozeiten – vorausgesetzt, es liegt der Organisation etwas daran, Themen einzubringen.

5. Medienarbeit ist Marketing, Verkauf, Support
Und Marketing ist Medienarbeit, Verkauf, Support. Den Ansprechpartnern im Online-Universum ist es egal, wie die traditio-

nellen Abteilungen heißen. Sie führen Dialoge mit Organisationen und Marken. Jeder Begegnungspunkt addiert sich zu einem Gesamteindruck, und der entscheidet. Seit Jahrzehnten wird über integrierte Kommunikation gesprochen, das Online-Universum macht sie zur Pflicht. Unternehmen werden alle Online-Auftritte näher aneinander führen und sich der großen Herausforderung stellen, verschiedene Disziplinen zu integrieren. Die strategische Gesamtführung aller Dialoge, auch über den Online-Bereich hinaus, gewinnt an Bedeutung.

6. Wer am Dialog teilnimmt, überlebt Krisen besser
Robert Scoble, ehemals Microsoft-Evangelist und heute führender US-Blogger, teilt PR-Leute in Mitmacher und Parasiten[168]. Die Parasiten schauen zu und nehmen Social Media auf den E-Mail-Verteiler. Mitmacher pflegen selbst Inhalte auf verschiedenen Plattformen. Organisationen, die strategisch klar ausgerichtet über mehrere Jahre mit guten Inhalten auf Social Media engagiert sind, machen sich fit für harte Zeiten. Dann nämlich werden sie eine Gemeinschaft haben, eine geübte Stimme, Ressourcen und Erfahrung.

7. Taten bleiben wichtiger als Worte
Auch wenn der Strom der Kurzmeldungen, Kommentare und Gesprächsfetzen weiter anschwillt: Des Pudels Kern liegt im Produkt, der Dienstleistung, dem Verhalten. Social Media macht die Meinungsbildung explosiv, oberflächlich und sprunghaft. Organisationen sind exponierter, Worthülsen werden aufgedeckt, Lügen haben kürzere Beine.

Als Fazit bleibt die Erkenntnis des Einstiegs: Medienarbeit wird zum anspruchsvollen Dialog, im Fluss von Strategie und Taktik, als Mosaikstein im Gesamtbild der Kommunikation.

Anhang

Glossar

«Wer fragt, ist ein Narr für fünf Minuten. Wer nicht fragt, bleibt ein Narr für immer.»
Chinesisches Sprichwort

Ad-hoc-Publizität
Publizitätspflicht von börsennotierten Unternehmen oder Emittenten von Wertschriften, die gemäß Börsengesetz kursrelevante Informationen möglichst allen Marktteilnehmern gleichzeitig mitzuteilen haben.

Aggregator
Dienst, der Inhalte einsammelt und neu zusammenstellt.

Alert
Benachrichtigung per E-Mail, RSS oder andere Mitteilungswege.

Augmented Reality
Erweiterung der menschlichen Sinneswahrnehmung durch Computer, auch erweiterte Realität genannt. Häufig verwendet als visuelle Einblendung von zusätzlichen Informationen in Bilder.

Atom
Standard zum plattformunabhängigen Austausch und Abonnement von Inhalten, basierend auf > XML. Weiterentwicklung des > RSS-Formats.

Banner, Werbebanner
Online-Werbung in Form von kombinierten Text- und Bildelementen.

Blog, Weblog
Web-Auftritt mit regelmäßig neuen Einträgen von persönlich benannten Autoren. Der neuste Eintrag steht zuoberst, zu den Einträgen können Besucher in der Regel Kommentare und Links anfügen. Weblog steht für die Kombination von Web (Internet) und Log (Tagebuch). Blog hat sich als Abkürzung etabliert und stand Pate bei der Bezeichnung > Microblogging.

Blogger
Autor eines > Blogs.

Blogosphäre
Die Gesamtheit aller > Blogs, der Austausch unter allen Autoren und Besuchern.

Boilerplate
Kurzbeschrieb des Absenders am Ende eines Pressetextes.

Bookmark
Als Lesezeichen im > Browser gespeicherte Internet-Adresse oder > URL.

Browser
Programm zur Darstellung von Web-Seiten. Zum Beispiel Internet Explorer, Safari, Firefox.

Chat
Sofort-Austausch von Inhalten, auch Instant Messaging genannt. Voraussetzung dafür ist die Online-Präsenz von Sender und Empfänger. Die Instant Messaging-Programme zeigen die Online-Präsenz der ausgewählten Kontakte an.

dpi
Dots per Inch – die Anzahl von Bildpunkten pro englischem Zoll (25,4 mm), Maßeinheit für die Auflösung eines Bildes oder einer Grafik. 72 dpi genügt für Bildschirme, 300 dpi gelten als Minimal-Auflösung für Drucksachen. Je höher die Auflösung, desto mehr Speicherplatz beansprucht die Datei.

E-Mail
Elektronische Post, die wichtigste Anwendung des > Internet.

FBML
Facebook Markup Language. Zur Darstellung von Facebook-Seiten sind spezielle Steuerbefehle notwendig, im Gegensatz zu > HTML.

Feed
steht englisch für «Einspeisung» oder «Zufuhr», hier verwendet für den Strom von abonnierten Nachrichten, zum Beispiel per > RSS.

Gatekeeper
Faktoren, die über das Erscheinen von Nachrichten entscheiden können.

Geodaten
Digitale Vermessung der Erdoberfläche.

HTML
Hypertext Markup Language ist die Programmiersprache, die hinter Web-Seiten steht. Über Ansicht / Darstellung lässt sich in den gängigen > Browsern der Sourcecode oder Quelltext lesen – er zeigt den Inhalt in HTML. Wenn HTML für > E-Mails verwendet wird, dann lassen sich im Mailprogramm Grafiken, Tabellen und Textauszeichnungen darstellen.

Hypertext
Nicht-lineare Darstellung von Inhalten durch logische Verknüpfungen (> Links) in einem vernetzten System.

Instant Messaging > Chat.

Internet
Steht für *Inter*connected *Net*works, eine weltweite Verbindung von Netzwerken. In jedem dieser Netzwerke stehen Computer, die mit allen anderen verbundenen Computern unabhängig kommunizieren können, über spezifische Protokolle. Das > Web / World Wide Web oder > E-Mail sind Dienste, die über dieses Netzwerk laufen.

IP-Adresse
Internet Protocol-Adresse zur Adressierung von Computern im > Internet. Die Zuordnung dieser IP-Adressen ermöglicht den Austausch von Inhalten zwischen den verschiedenen Nutzern. Vergleichbar mit einer Telefon-Nummer, die jeden Teilnehmer im Internet definiert.

iPod
Tragbares Abspielgerät für Audiodateien im > mp3-Format.

iTunes
Programm zum Abspielen, Verwalten, Kaufen und Abonnieren von Audio- und Videodateien in verschiedenen Formaten. Unter anderem wichtig als > Aggregator für > Podcasts.

JPEG
Standard zur Komprimierung von Bilddateien, eines der gängigsten Formate für Web-Bilder.

Keyword
Englisch für Schlüsselwort. Bezeichnet Begriffe, die oft in Suchen eingegeben werden. Danach ordnen Suchmaschinen Inhalte.

Kilobyte, kB
Maßeinheit für den Umfang einer elektronischen Datei oder die Speicherkapazität von Datenträgern. Vereinfachte Hierarchie: 1000 Byte = 1 Kilobyte, 1000 kB = 1 Megabyte MB, 1000 MB = 1 Gigabyte GB. Die Bibel in reiner Textform entspricht rund 5 MB, ein komprimierter Spielfilm in DVD-Qualität rund 5 GB.

Link, Hyperlink
Link als Kurzform von Hyperlink steht für die Verknüpfung von Web-Inhalten. Links sind entsprechend markiert und führen über die enthaltene Adresse (> URL) zur Zieldatei.

mp3
Dateiformat für komprimierte Audiodateien.

Microblogging
Austausch von sehr kurzen Textnachrichten mit Links zu Webseiten, Bildern, Videos und anderen Inhalten. Die Nachrichten kön-

nen abonniert werden und sind wie in einem > Blog chronologisch dargestellt.

Microsite
Schlanke Website mit wenig Unterseiten, in der Regel unabhängig von einer Haupt-Website, eingesetzt für spezielle Situationen, Themen und Kampagnen.

Monitoring
Systematisches Beobachten, Überwachen und Auswerten von Prozessen mit technischen Hilfsmitteln.

Nachrichten-Aggregator, Aggregator
Dienst, der Inhalte aufbereitet und neu zusammenstellt. Oder Lese-Programm für Nachrichten, die via > RSS-Feed abonniert sind.

Newsreader
Programm zum Empfangen, Filtern, Lesen, Sortieren und teilweise auch Beantworten von Nachrichten aus > RSS > Feeds.

PDF
Portable Document Format, ein von Betriebssystemen unabhängiges Format für druckbare Dokumente.

Permalink
Ein dauerhafter, stabiler > Link zu einer Web-Seite oder einem Blog-Eintrag.

Podcast, Video-Podcast, Vodcast
Verbindung von > iPod und Broadcast, bezeichnet die Erstellung und Verbreitung von Audio- und Video-Inhalten über das Netz. Diese sind abonnierbar über > RSS oder verfügbar in > Aggrega-

toren wie > iTunes. Die Bezeichnung Podcast wird eher für Audio-Inhalte verwendet. Video-Podcasts enthalten Videosequenzen, sie werden auch Vodcast genannt.

Podhost
Server, auf dem > Podcasts abgespeichert sind, oft mit Zusatzdienstleistungen für die Veröffentlichung.

Retweet
Weiterleiten einer auf > Twitter erhaltenen Meldung, auch > Tweet genannt.

RSS
Format für standardisierten Austausch und Abonnement von Netz-Inhalten. Inhalte im RSS-Format können einfach auf verschiedensten Plattformen integriert werden. > Newsreader oder E-Mail-Programme holen sich neue Inhalte automatisch von der einmal definierten Adresse. RSS gehört zu den > XML-Dateiformaten, > Atom ist eine Weiterentwicklung von RSS.

Screencast
Gefilmter Bildschirm-Ablauf, oft verwendet zur Erklärung von Programmen. Die vom Monitor aufgezeichneten Handlungen werden mit Audio-Kommentar begleitet.

SMS
Short Message Service, Austausch von Textnachrichten auf Mobilgeräten. Weiterentwicklungen siehe > Chat.

Social Media
Medien, die erst durch die Beteiligung vieler zustande kommen. Im Gegensatz zum klassischen Sender-Empfänger-Modell ermög-

lichen diese Plattformen Herstellung und Austausch von Inhalten von mehreren Seiten. Weitere Bezeichnungen für diese Interaktion sind oder waren Mitmach-Web, Web 2.0 oder Social Web.

Social Media Newsroom
Online-Pressebereich/Mediencorner mit ausgebauten Möglichkeiten der Kommentierung, Weiterverbreitung und suchmaschinenoptimierter Ablage von multimedialen Inhalten, verknüpft mit > Social Media Plattformen.

Social Media Release
Online-Pressemitteilung zugeschnitten auf multimediale Inhalte, Verlinkung, Kommentierung, Weiterleitung und Einbettung in den > Social Media Newsroom.

Spam
Unverlangter, massenhafter, strafbarer Versand von E-Mail-Nachrichten. Taucht auch auf in den Kommentaren von > Blogs.

Streaming, Livestream
Direkt von Rechnern empfangene und gleichzeitig wiedergegebene Audio- und Videodaten, zum Beispiel bei der Live-Übertragung von Anlässen über das Web.

Tag
Stichwort, Schlagwort zu Web-Inhalten. Tagging bezeichnet das Anfügen von Meta-Daten zu Foto-Sammlungen, > Blog-Einträgen, Webseiten. Tags erleichtern das Strukturieren und Auffinden von Inhalten.

Tag-Cloud
Wortwolke zur Darstellung aller zum Beispiel in einem > Blog verwendeten > Tags, häufig verwendete werden dabei in der Regel größer dargestellt.

Trackback
Automatisierte Benachrichtigung zwischen Weblogs, wenn diese Bezug nehmen auf gegenseitige Einträge.

Tweet
Kurznachricht auf > Twitter.

Twitter
Englisch für Zwitschern, einer der führenden > Microblogging-Dienste für den Austausch von Kurznachrichten, auch > Tweets genannt.

URL
Uniform Resource Locator, bezeichnet die Adresse eines Webinhalts, zum Bespiel http://www.bernet.ch/wissen.

Video-Podcast, Vodcast > Podcast

Web, World Wide Web
Dienst auf dem > Internet, stellt Inhalte als > Hypertext auf Web-Seiten zur Verfügung, die über einen > Browser gelesen werden.

Weblog > Blog

Widget
Ursprünglich als *Wi*ndow G*adgets* in die Benutzeroberflächen von Betriebssystemen eingeblendete Hilfsprogramme. Auch verwendet für besondere Webanwendungen, die Funktionalitäten oder Informationen zum Beispiel von Facebook in die eigene Webseiten einbinden.

XML
Standard für die Definition von Dokumenten. Schwerpunkt ist der einfache und zuverlässige Austausch von Inhalten und Anwendungen – im > Web, über > E-Mail und weitere Online-Dienste.

Anhang

Abbildungen

Social Media Landkarte 10
Medienarbeit früher: Senden 16
Medienarbeit bisher: Vielzahl der Dialoge 17
Gute Medienarbeit im Social Web 23
Informationsquellen 25
Wichtigste Internet-Angebote 25
Mediencorner 41
Medienarbeit heute: Weiterleiten und Finden 53
Vorlage Social Media Release 60
Ausbaustufen des Medienbereichs 66
Social Media Newsroom Vorlage 74
Social Media Nutzung durch Medien 77
Social Media Landkarte 83
Online-Video: Nutzung durch Medien 99
Blog-Formen 111
Social Media Nutzung durch Unternehmen 123
Soziale Netzwerke in Deutschland 132
Ressourcen Social Media in der Medienarbeit 160
Drei Phasen für Social Media Engagements 162

Anhang

Dank und Offenlegung

«Journalisten sind Leute, die auf Schnee schreiben.»
Robert Lembke, deutscher Journalist, 1913 bis 1989

Heute schreiben auch Buchautoren auf Schnee – ermöglicht haben dieses Projekt
- die Unterstützung meiner Mitarbeitenden und im privaten Umfeld – Social Media hat mich für ein paar Monate ziemlich asozial gemacht;
- das Gegenlesen von Ausschnitten durch Lilly Anderegg, Daniela Bernet, Aurel Hosennen, Harald Taglinger, Jürg Vollmer;
- das Gesamtlektorat durch Jan Schütte;
- die Unterstützung durch Barbara Emig-Roller und Eva Brechtel-Wahl beim VS-Verlag;
- Layout-Tipps von Pongo Zimmermann und Gerda Müller;
- die Mandate unserer Agenturkunden und die daraus entstandenen Erfahrungen;
- die Rückmeldungen meiner Studierenden am MAZ und die Forschungszusammenarbeit mit IAM/ZHAW.

Ihnen allen herzlichen Dank.

Zur Offenlegung: Die Erwähnung von Produkten, Dienstleistungen und Beispielen in diesem Buch erfolgt aufgrund von persönlichen Interviews, Recherchen oder Tests. Unter den erwähnten Unternehmen sind unter anderem aktuelle oder frühere Kunden von Bernet_PR wie Google, Migros, Microsoft, NZZ, Südtirol.

Anhang

Quellen und Links

[1] Frank Schirrmacher, zitiert im Spiegel 5/2010, Seite 132, «13 Millimeter Zukunft» von Markus Brauck und Martin U. Müller

[2] Thomas Pleil, Social Media und die Bedeutung für die Öffentlichkeitsarbeit, Präsentation 2010
http://www.slideshare.net/apalme2003/social-media-und-ihre-bedeutung-fr-die-ffentlichkeitsarbeit

[3] Mario Sixtus, Elektrischer Reporter, Real Time Web: Alles im Jetzt, 2010
http://www.elektrischer-reporter.de/elr/video/200/

[4] Levine, Locke, Searls & Weinberger, Cluetrain Manifesto, 1999, deutsche Version auf http://www.cluetrain.com/auf-deutsch.html

[5] Stephan Ruß-Mohl, Kreative Zerstörung, Niedergang und Neuerfindung des Zeitungsjournalismus in den USA, UVK Verlagsgesellschaft, 2009, Seite 32

[6] Clay Shirky, Newspapers and Thinking the Unthinkable, 13. März 2009,
http://www.shirky.com/weblog/2009/03/newspapers-and-thinking-the-unthinkable/

[7] Zahlen per 30. September 2009,
http://www.internetworldstats.com/stats.htm

[8] Anne Petersen, Medienforschung und Nutzung in Deutschland im Bereich Hörfunk und Fernsehen, Seminararbeit 2000, Ludwig-Maximilians-Universität München http://www.grin.com/e-book/97519/medienforschung-und-nutzung-in-deutschland-hoerfunk-und-presse

[9] Edward Bernays, Propaganda – Die Kunst der Public Relations, deutsche Ausgabe, Orange Press 2007, Seite 127

[10] Frédéric Filloux, www.mondaynote.com, Vortrag vom 5. Januar 2010 an der Dreikönigstagung des Medieninstituts der Schweizer Presse
http://bernetblog.ch/2010/01/06/medien-ratlosigkeit-auf-der-kommandobrucke/

[11] Umberto Eco, italienischer Autor und Semiotiker, geboren 1933

[12] Die erste E-Mail erreicht Deutschland
http://www.heise.de/netze/meldung/Vor-25-Jahren-Internet-und-E-Mail-kommen-nach-Deutschland-749377.html

[13] Bernet PR / Institut für Angewandte Medienwissenschaften IAM der Zürcher Hochschule für Angewandte Wissenschaften ZHAW, «Journalisten im Internet» 2002, 2005, 2009
http://www.bernet.ch/studien

[14] Erfolgsfaktor Betreffzeile, Swen Krups, 2010, http://www.absolit-blog.de/gestaltung/erfolgsfaktor-betreffzeile.html

[15] Auswahl und Bewertung in englischer Sprache auf About.com für Windows:
http://email.about.com/od/windowsmarketingsoftware/Windows_Email_Marketing_Software.htm
für Mac OS:
http://email.about.com/od/macmarketingsoftware/Mac_Email_Marketing_Software.htm

[16] Faktenblatt-Beispiel im Pressebereich von Facebook
http://www.facebook.com/press/info.php?statistics

[17] Creative Commons, Seite zur Auswahl der Lizenzen:
http://creativecommons.org/choose/

[18] Microsite Geschäftsbericht Bayer
http://www.geschaeftsbericht2009.bayer.de/de/homepage.aspx

[19] Microsite Geschäftsbericht Metro Gruppe
http://www.metrogroup.de/servlet/PB/menu/1198800_l1_ePRJ-METRODE-MICROSITE-STARTPAGE/index.html

[20] Online-Geschäftsbericht Migros 2009 http://m09.migros.ch/

[21] 2009 TEKgroup Online Newsroom Survey www.tekgroup.com/research

[22] Tom Forenski, Die Press Release Die, Silicon Valley Watcher, 27.2.2006
http://www.siliconvalleywatcher.com/mt/archives/2006/02/die_press_relea.php

[23] Social Media Release Formate von US-Profis
Todd Defren, Shift Communications, Diskussion auf seinem Blog
http://www.pr-squared.com/index.php/about
Shel Holtz, Holtz Communication + Technology
http://blog.holtz.com/index.php/weblog/about/
Brian Solis, FutureWorks http://www.briansolis.com/about/

[24] Social Media Release von IABC vom 1. März 2008
http://socialmediareleases.x.iabc.com/2008/03/01/iabc-assumes-social-media-release-leadership-role/

[25] Marcel Bernet, Wer hat's erfunden? Für PR war's Europa, bernetblog, 26.5.2008, http://bernetblog.ch/2008/05/26/wer-hats-erfunden-fuer-pr-wars-europa/

[26] Thomson Reuters, Handbook of Journalism
http://handbook.reuters.com/index.php/Reporting_and_Writing_Basics

[27] Official Google Blog, We knew the web was big..., 25.7.2008,
http://googleblog.blogspot.com/2008/07/we-knew-web-was-big.html

[28] New Journal of Physics, Evolution of the Internet and its cores, 18.12.2008,
http://iopscience.iop.org/1367-2630/10/12/123027

[29] Todd Defren, Social Media Release Template, PR-Squared, 18.4.2008
http://www.pr-squared.com/2008/04/social_media_release_template.html

[30] The Quick Start Guide to PitchEngine SMRs
http://blog.pitchengine.com/?cat=34

[31] News Aktuell Leistungsblatt zum Multimedia News Release, 2009
http://www.slideshare.net/newsaktuell/multimedia-news-release-mnr

[32] Schwartz PR, Social Media News Releases – was wollen Journalisten und Blogger, 2009 http://www.schwartzpr.de/data/pm_091207.pdf

[33] Bob Garfield, US-amerikanischer Autor und Journalist, Shut up and listen – or you're doomed, PRSA 2009 International Conference, November 2009 http://www.prsa.org/Intelligence/Tactics/Articles/view/8414/1010/Bob_Garfield_Shut_up_and_listen_or_you_re_doomed

[34] Pete Cashmore, HOW TO: Follow Mashable Channels via RSS Twitter, Email or Facebook, Mashable, 19.3.2010
http://mashable.com/2010/03/19/follow-mashable-channels/

[35] Erick Schonfeld, ComScore: YouTube Now 25 Percent Of All Google Searches, TechCrunch, 18.12.2008
http://techcrunch.com/2008/12/18/comscore-youtube-now-25-percent-of-all-google-searches/

[36] Marcel Bernet, Journalisten im Internet: Wikipedia und Facebook legen zu, bernetblog, 4.9.2009, Bernet/IAM-Studie Journalisten im Internet [14]
http://bernetblog.ch/2009/09/04/journalisten-im-internet-wikipedia-und-facebook-legen-zu/

[37] Vorlage als PDF: Todd Defren, The Social Media Newsroom Template, PR Squared, 5.2.2007 http://www.pr-squared.com/2007/02/the_social_media_newsroom_temp.html
Vorlage als Wordpress-Thema: Fathom Search Engine Marketing, Free Media Pressroom Theme, Januar 2008
http://www.fathomseo.com/pressroom/media-pressroom-theme.php

[38] Artikel mit Beispielen von Social Media Newsrooms auf dem bernetblog:
http://bernetblog.ch/tag/social-media-newsroom/

[39] Social Media Newsroom-Anbieter deutschsprachig
news aktuell / PR Newswire:
http://www.newsaktuell.de/international/prnewswire.htx
Mediaquell Referenzen:
http://infos.mediaquell.com/anbieter/referenzen/
Preise:
http://infos.mediaquell.com/angebote/details-und-angebote/
Newsroom.eu Anleitungen: http://newsroom.eu/howto/how-to/
Newsroom Wizard Startseite: http://www.newsroomwizard.com/

[40] Brian Solis und Deirdre Breakenridge, Putting the Public back in Public Relations, Pearson, 2009, Seite 153

[41] APA OTS/Marketagent-Studie Social Media und Web 2.0 im journalistischen Alltag, 2010
http://www.ots.at/presseaussendung/OTS_20100505_OTS0134/apa-ots-studie-ein-drittel-aller-journalisten-nutzt-regelmaessig-online-videos-anhaenge/channel/medien#
Anhang Ergebnisbericht PDF
http://www.ots.at/anhang/OTS_20100505_OTS0134.pdf

[42] George Washington University and Cision, Social Media & Online Usage Study, 2009
http://www.gwu.edu/explore/mediaroom/stayconnected/byrss/rssmain/rssnewsreleases/nationalsurveyfindsmajorityofjournalistsnowdependonsocialmediaforstoryresearch
Studie als PDF
http://www.gwu.edu/~newsctr/10/pdfs/gw_cision_sm_study_09.PDF

[43] Marcel Bernet, BBC sagt: Social Media muss sein, bernetblog, 22.2.2010,
http://bernetblog.ch/2010/02/22/bbc-sagt-social-media-muss-sein/

[44] Brenna Ehrlich, How Journalists are Using Social Media for Real Results, Mashable, 12.4.2010, http://mashable.com/2010/04/12/journalists-gist/

[45] YouTube-Suche «Iran Election 2009» mit über 5000 Treffern:
http://www.youtube.com/results?search_query=iran+election+2009&aq=f

[46] Marcel Bernet, Ustream schlägt YouTube, bernetblog, 20.4.2010,
http://bernetblog.ch/2010/04/20/ustream-schlaegt-youtube-video-upload-ohne-grenzen/

[47] YouTube Channel Weisses Haus
http://www.youtube.com/user/whitehouse?blend=1&ob=4

[48] YouTube Channel World Economic Forum Davos
http://www.youtube.com/user/WorldEconomicForum

[49] Jeff Jarvis, Dell Learns to Listen, BusinessWeek, 17.10.2007, http://www.businessweek.com/bwdaily/dnflash/content/oct2007/db20071017_277576.htm?chan=top+news_top+news+index_top+story

[50] Aktuelle Rangierung Mr. Wong Alexa Top-Sites Deutschland http://www.alexa.com/topsites/countries/DE

[51] Übersicht deutschsprachige Social Bookmarking Dienste http://de.wikipedia.org/wiki/Social_Bookmarks

[52] Mr. Wong Mediadaten als PDF auf http://www.mister-wong.de/advertise_on_this_site/

[53] Unicef-Inhalte auf Scribd http://www.scribd.com/UNICEF

[54] Daimler-Kanal auf Slideshare http://www.slideshare.net/daimler

[55] Slideshare-Dokumente eingebettet mit Vorschau oder nur Link http://bernetblog.ch/index.php?s=slideshare&imageField=%3E

[56] The Fortune 500 and Social Media, University of Massachusetts Dartmouth, Center for Marketing Research, 2009 http://www.umassd.edu/cmr/studiesresearch/2009f500.cfm

[57] Radio Nestlé mit Podcasts des Konzerns http://www.nestle.com/MediaCenter/MediaLibrary/PodcastsAndMP3s/PodcastMp3.htm

[58] BMW Group Investor Relations auf iTunes http://itunes.apple.com/ch/podcast/bmw-group-investor-relations/id118223185

[59] Deutsche Telekom AG Podcasts auf iTunes http://itunes.apple.com/ch/podcast/deutsche-telekom-ag/id291681648

[60] Alex Wunschel, Tellerrand-Blog, Erkenntnisse der zweiten Podcastumfrage, 22.1.2007 http://tellerrand.typepad.com/tellerrand/2007/01/erkenntnisse_de.html

[61] Podcast-Fakten, Anleitung, Anbieter auf Wikipedia http://de.wikipedia.org/wiki/Podcast

[62] FAQ – Häufig gestellte Fragen zu Podcasting
http://www.podcast.de/faq/#q

[63] Patrick Zoll, Wie aufwendig ist Corporate Podcasting? Das Texter-Blog, 19.12.2007 http://zoll-kommunikation.com/blog/2007/12/wie-aufwendig-ist-corporate-podcasting.html

[64] Business-Podcasts auf iTunes (Link öffnet iTunes)
http://itunes.apple.com/WebObjects/MZStore.woa/wa/viewRoom?fcId=330112364

[65] Podcast.de Kategorie Wirtschaft
http://www.podcast.de/kategorie/6/Wirtschaft/

[66] Stichwort Business auf Podster.de http://podster.de/tag/business

[67] Podhosts Übersicht von Podcast.de
http://www.podcast.de/podcasting/podhosting/

[68] iTunes Podcast Spezifikationen
http://www.apple.com/de/itunes/podcasts/specs.html

[69] Gregory Galant, The Open Secrets of Podcast Measurement, iMedia Connection, 5.1.2007
http://www.imediaconnection.com/content/13097.asp

[70] Grafik «Ein Tag im Internet» von Online Education
http://www.onlineeducation.net/internet/

[71] Markus Kautz, Yahoos Flickr vs. Googles Picasa, SkriptEntwickler.de, 11.6.2009
http://www.skriptentwickler.de/index.php?option=com_content&view=article&id=52:yahoos-flickr-vs-googles-picasa&catid=3:webfundstuecke&Itemid=50

[72] Flickr-Gruppenpool der Südtirol Marketing AG
http://www.flickr.com/groups/altoadige/

[73] Flickr-Suche nach Personen mit Name «Greenpeace»
http://www.flickr.com/search/people/?q=greenpeace&s=pho

[74] Deutsche Bank Gruppe auf Flickr
http://www.flickr.com/people/deutschebank/

[75] Flickr-Fotostream «The White House»
http://www.flickr.com/photos/whitehouse/tags/

[76] Internationale Übersicht der Creative Commons Copyrights
http://creativecommons.org/international/

[77] Flickr Apps für Upload
http://www.flickr.com/services/apps/tags/upload/

[78] Trends Internetnutzung 2009, ACTA Allensbacher Computer- und Technik-Analysen, Institut für Demoskopie Allensbach, Seite 35 der Präsentation vom 21.10.2009 http://www.acta-online.de/praesentationen/acta_2009/acta_2009_Trends_Internetnutzung.pdf

[79] ARD-ZDF-Onlinestudie, Abruf von Videodateien, 2009 http://www.ard-zdf-onlinestudie.de/index.php?id=173

[80] comScore Press Release German Online Video, 27.10.2009
http://www.comscore.com/Press_Events/Press_Releases/2009/10/36_Million_German_Internet_Users_Viewed_More_Than_6_Billion_Videos_Online_in_August_2009

[81] George Washington University and Cision, Social Media & Online Usage Study, 2009
http://www.gwu.edu/explore/mediaroom/stayconnected/byrss/rssmain/rssnewsreleases/nationalsurveyfindsmajorityofjournalistsnowdependonsocialmediaforstoryresearch
Studienbericht PDF Seite 12
http://www.gwu.edu/~newsctr/10/pdfs/gw_cision_sm_study_09.PDF

[82] APA OTS/marketagent-Studie Social Media und Web 2.0 im journalistischen Alltag 2010
http://www.ots.at/presseaussendung/OTS_20100505_OTS0134/apa-ots-studie-ein-drittel-aller-journalisten-nutzt-regelmaessig-online-videos-anhaenge/channel/medien#

Studie PDF Grafik Seite 6
http://www.ots.at/anhang/OTS_20100505_OTS0134.pdf

[83] Deutsche Telekom Presse / Bild und Ton / Video-Footage
http://www.telekom.com/dtag/cms/content/dt/de/6876

[84] OTTO Newsroom Kanal auf YouTube
http://www.youtube.com/user/OTTONewsroom

[85] Ben Parr, YouTube Surpasses Two Billion Video Views Daily, Mashable, 17.5.2010, Zahlen siehe YouTube Infographic
http://mashable.com/2010/05/17/youtube-2-billion-views/

[86] Sevenload Mediadaten 2010 als PDF, Seite 4
http://corporate.sevenload.com/pdf/sevenloadMediadaten2010.pdf

[87] Vergleiche von Online Video Plattformen:
Ira Kugel, Im Schatten von YouTube, manager magazin, 27.4.2009
http://www.manager-magazin.de/it/artikel/0,2828,621276,00.html
Video Share Websites Review Top Ten
http://video-share-review.toptenreviews.com/
Mike Carrall, Vimeo vs. YouTube vs. Facebook, Stark Silver Creek, 15.4.2009
http://www.starksilvercreek.com/2009/04/vimeo-youtube-facebook-viddler-smugmug-review-comparison-reigns-supreme-online-hd-video-hosting.html

[88] Bundeskanzlerin Video-Podcasts auf iTunes
http://itunes.apple.com/de/podcast/angela-merkel-die-kanzlerin/id159916569

[89] Alpiq YouTube Kanal http://www.youtube.com/user/AlpiqOnline

[90] Videos bei OTTO mit der Sucheingabe «Nena» http://www.otto.de/is-bin/INTERSHOP.enfinity/WFS/Otto-OttoDe-Site/de_DE/-/EUR/OV_ViewTemplate-View?ls=0&Template=popups/video/extended/main&Movie=video143&vGroup=nena_kw53

[91] Mediencorner OTTO, TV-Schnittmaterial http://www.otto.com/TV-Schnittmaterial.18.0.html?&L=jtumvrrxuli

[92] Klaus Eck, Wenig Aufmerksamkeit für Online-Videos, PR Blogger, 28.10.08
http://klauseck.typepad.com/prblogger/2008/11/onlinevideo.html

[93] APA OTS/marketagent-Studie Social Media und Web 2.0 im journalistischen Alltag 2010, PDF Grafik Seite 12
http://www.ots.at/anhang/OTS_20100505_OTS0134.pdf

[94] YouTube-Hilfe Hinzufügen/Bearbeiten von Untertiteln
http://www.google.com/support/youtube/bin/answer.py?hl=de&answer=100077

[95] Der Energieriese von RWE, Greenpeace Deutschland
http://www.youtube.com/watch?v=xZFGYG7acz4&feature=related

[96] Jennifer McLean, State of the Blogosphere 2009 Introduction, Technorati, 19.10.2009 http://technorati.com/blogging/article/state-of-the-blogosphere-2009-introduction/

[97] Blogpulse.com Plattform von Nielsen USA
http://blogpulse.com/about.html

[98] Markus Brauck, Frank Hornig und Isabell Hülsen, Die Beta-Blogger, Spiegel, 21.7.2008 http://www.spiegel.de/spiegel/0,1518,567038,00.html

[99] Anzahl Weblogs Schweiz auf blogug.ch
http://stats.blogug.ch/statistics/weblogs

[100] ARD-ZDF-Onlinestudie, Nutzungshäufigkeit von web2.0-Angeboten, 2009
http://www.ard-zdf-onlinestudie.de/index.php?id=165

[101] Trends Internetnutzung 2009, ACTA Allensbacher Computer- und Technik-Analysen, Institut für Demoskopie Allensbach, Seite 24 der Präsentation vom 21.10.2009 http://www.acta-online.de/praesentationen/acta_2009/acta_2009_Trends_Internetnutzung.pdf

[102] Dell Übersichts-Seite Community mit allen Blogs
http://en.community.dell.com/

[103] Verschiedene Quellen für aktuelle Blog-Porträts:
«Corporate Blogs» auf dem PR-Blogger
http://klauseck.typepad.com/prblogger/corporate_weblogs/index.html
«Serie Schweizer Blogs» auf Fuellhaas.com
http://www.fuellhaas.com/category/serie-schweizer-blogs/
«Blogger im Profil» auf bernetblog.ch:
http://bernetblog.ch/index.php?s=blogger+im+profil&imageField=%3E

[104] Sergej Müller, Analyse: 78 % der deutschsprachigen Blogs setzen auf WordPress, Playground, 13.5.2009
http://playground.ebiene.de/2045/deutsche-setzen-auf-wordpress/

[105] Google-Suche nach «WordPress Theme Viewer» führt zu einer Übersicht von Blog-Gestaltungsvorlagen
http://www.google.ch/search?sourceid=chrome&ie=UTF-8&q=wordpress+theme+viewer

[106] Übersicht der Blog-Verzeichnisse für deutschsprachige Blogs
http://www.denkvirtuose.de/seo/blog-verzeichnisse-fuer-deutschsprachige-blogs.html

[107] Twitter Stays Strong as Growth Slows, eMarketer, April 2010
http://www.emarketer.com/Article.aspx?R=1007644

[108] Paul Virilio, L'instant contre la démocratie, Journal du Dimanche, 11.7.2009/31.10.2009 http://www.lejdd.fr/Medias/Actualite/L-instant-contre-la-democratie-par-Paul-Virilio-16059/

[109] Claire Cain Miller, Twitter Unveils Plans to Draw Money from Ads, New York Times, 12.4.2010
http://www.nytimes.com/2010/04/13/technology/internet/13twitter.html?ref=business

[110] Kevin Weil, Measuring Tweets, Twitter Blog, 22.2.2010
http://blog.twitter.com/2010/02/measuring-tweets.html

[111] Robert J. Moore, New Data on Twitter's Users and Engagement, The Metric System, 26.1.2010
http://themetricsystem.rjmetrics.com/2010/01/26/new-data-on-twitters-users-and-engagement/

[112] Matt Sanford, Growing Around The World, Twitter Blog, 8.4.2010
http://blog.twitter.com/2010/04/growing-around-world.html

[113] Twitter-Analyse Inside Twitter, Sysomos, Juni 2009
http://www.sysomos.com/insidetwitter/

[114] New Media, Old Media, Pew Research Center's Project for Excellence in Journalism, 23.5.2010
http://www.journalism.org/analysis_report/new_media_old_media

[115] Twittwoch e.V., Such-Eingabe für Unternehmens-Interviews
http://www.twittwoch.de/?s=%22twitternde+unternehmen%22&x=0&y=0

[116] Studie Universität Oldenburg/construktiv, Wie nutzen Deutschlands größte Marken Social Media, 2009
http://www.construktiv.de/newsroom/studie-60-prozent-der-groessten-marken-in-deutschland-nutzen-aktiv-social-media/

[117] Burson-Marsteller, Fortune Global 100 Social Media Study
http://www.burson-marsteller.com/Innovation_and_insights/blogs_and_podcasts/BM_Blog/Lists/Posts/Post.aspx?ID=160

[118] Literatur-Tipps für Twitter:
Nicole Simon, Twitter – Mit 140 Zeichen, Blog dazu:
http://mit140zeichen.de/
Marcel Bernet, Twitter-Tipps: So macht man ein Konzept – britische Vorlage, bernetblog, 10.11.2009 http://bernetblog.ch/2009/11/10/twitter-tipps-so-macht-man-ein-konzept-britische-vorlage/

[119] Twitter-Nutzer im deutschsprachigen Raum, Twitter-Zensus auf Web Evangelisten http://webevangelisten.de/kategorie/twitter-zensus/

[120] Twitter-Umfrage im deutschsprachigen Raum, Twitterumfrage auf Web Evangelisten http://webevangelisten.de/twitterumfrage/

[121] Twitter-Liste deutsche Medien von TVundso
http://twitter.com/TVundso/deutsche-presse/members

[122] Online-Verzeichnisse für Hashtags, deutschsprachig http://labor.webevangelisten.de/hashtagger/ international: http://www.hashtags.org

[123] Thomas Pfeiffer, Microsoft / Twitternde Unternehmen in Deutschland, Twittwoch, 19.11.09 http://www.twittwoch.de/twitternde-unternehmen-38-microsoftpresse/

[124] Marcel Bernet, Twitter-Tipps: Wie erreicht man Follower, bernetblog, 20.10.2009 http://bernetblog.ch/2009/10/20/twitter-tipps-wie-erreicht-man-follower/

[125] Frank Schirrmacher, Payback, Karl Blessing Verlag 2009, Seite 206

[126] Facebook Zahlen Deutschland http://facebookmarketing.de/?s=nutzerzahlen Schweiz http://bernetblog.ch/tag/schweizer-facebook-zahlen/ Österreich, Deutschland, Schweiz http://www.thomashutter.com/index.php/tag/demographie-facebook-dach/

[127] Global Audience Spends Two Hours More a Month on Social Networks than Last Year, nielsenwire, 19.3.2010 http://blog.nielsen.com/nielsenwire/global/global-audience-spends-two-hours-more-a-month-on-social-networks-than-last-year/

[128] Top U.S. Web Sites and Brands for April 2010, NielsenWire, 14.5.2010 http://blog.nielsen.com/nielsenwire/global/global-audience-spends-two-hours-more-a-month-on-social-networks-than-last-year

[129] Trends Internetnutzung 2009, ACTA Allensbacher Computer- und Technik-Analysen, Institut für Demoskopie Allensbach, Seite 22 der Präsentation vom 21.10.2009 http://www.acta-online.de/praesentationen/acta_2009/acta_2009_Trends_Internetnutzung.pdf

[130] Patrick Beuth, Mehr vom Selben, Frankfurter Rundschau Online, 6.6.2010 http://www.fr-online.de/in_und_ausland/multimedia/aktuell/1699368_Mehr-vom-Selben.html

[131] Übersicht der MeinVZ-Profile nach Themen, Regionen
http://www.meinvz.net/Sitemap

[132] Vodafone auf MySpace http://www.myspace.com/vodafone_de

[133] What Social Followers Want, MarketingSherpa-Studie vom Dezember 2009, eMarketer, 22.1.2010
http://www.emarketer.com/Article.aspx?R=1007476

[134] Marcel Bernet, Nestlé, Greenpeace und Facebook: Lernen aus der Krise, bernetblog, 13.4.2010 http://bernetblog.ch/2010/04/13/nestle-greenpeace-und-facebook-lernen-aus-der-krise/

[135] Livestream der Vodafone Pressekonferenz vom 8.7.2009
http://m.vodafone.de/pk/

[136] Das Vodafone Blog http://blog.vodafone.de/

[137] Vodafone international auf Facebook
http://www.facebook.com/Vodafone

[138] Facebook-Shop von 1-800-Flowers
http://www.facebook.com/1800flowers
App-Store-Filiale von Apple http://www.facebook.com/AppStore

[139] Jens Wiese, Facebook Fanpages mit Google Analytics tracken und auswerten, Facebook Marketing, 3.3.2010
http://facebookmarketing.de/tutorials/facebook-fanpages-mit-google-analytics-auswerten

[140] Leitfäden für Facebook deutschsprachig
http://www.facebookbiz.de/leitfaden
http://facebookmarketing.de/downloads-whitepaper

[141] Online-Verzeichnisse von Facebook-Auftritten:
Medien-Marken nach Anzahl Fans, deutschsprachiger Raum (Buch, Presse, Film, Musik, Unternehmen)
http://leanderwattig.de/wiki/index.php/Ranking:_Medien-Marken_bei_Facebook_nach_Anzahl_der_Fans

Beispiele speziell gestalteter Seiten, USA, nach Kategorien
http://www.customfacebookpage.com/

[142] Bildstrecke mit Aussagen zum Internet, Sueddeutsche Online, 2009, Bild 5 von 10 http://www.sueddeutsche.de/digital/bildstrecke-wer-hats-gesagt-die-aufloesung-1.332826-5

[143] Arten von Internet-Foren, Vor- und Nachteile auf Wikipedia
http://de.wikipedia.org/wiki/Diskussionsforum#Arten_von_Internetforen

[144] Foren zu Mercedes-Benz, aufgebaut von Dritten
http://www.mercedes-fans.de/forum,
http://www.mercedes-forum.com/board/index.php?page=Portal

[145] Dell Support Forums auf der Dell Community, englisch
http://en.community.dell.com/support-forums/default.aspx

[146] Klaus Eck, Verdeckte Bahn-PR, PR Blogger, 2.6.2009
http://klauseck.typepad.com/prblogger/2009/06/bahnpr.html

[147] Wikipedia Statistiken mit Angaben zu Autoren
http://en.wikipedia.org/wiki/Wikipedia:Editor_statistics#Demographics

[148] WikiScanner Info und Zugang auf Wikipedia
http://de.wikipedia.org/wiki/Wikipedia:WikiScanner

[149] Wikipedia: Mitmachen, Mitschreiben, Mitverfolgen, Anstoss-Newsletter, Bernet_PR, Februar 2010 http://www.bernet.ch/newsletter/februar_2010

[150] Pandemie Wiki zum Deutschen Pandemie Symposium Berlin 2009
http://www.pandemie-symposium.de/wiki/doku.php/

[151] Deutschsprachige Wikis, Verzeichnis des Dienstleisters WikiService
http://www.wikiservice.at/gruender/wiki.cgi?WikiVerzeichnis#DeutschsprachigeWikis

[152] Salzburg Wiki Portal
http://www.salzburg.com/wiki/index.php/Salzburgwiki:Portal

[153] Telecolumbus Wiki auf dem Community Portal
http://www.telecolumbus-forum.de/wiki/index.php?page=Article&articleID=10&languageID=1

[154] Elsa Wenzel, Stefan Beiersmann, Studie ermittelt über eine Milliarde PCs weltweit, ZDNet.de, 24.6.2008
http://www.zdnet.de/news/wirtschaft_unternehmen_business_studie_ermittelt_ueber_eine_milliarde_pcs_weltweit_story-39001020-39192549-1.htm

[155] Bewertungsplattformen im Internet, Eidgenössischer Datenschutz- und Öffentlichkeitsbeauftragter, Maßnahmen für betroffene Personen
http://www.edoeb.admin.ch/themen/00794/01124/01393/index.html?lang=de#sprungmarke0_61

[156] Artikel zu Bewertungsportale & Recht auf rechtzweinull.de
http://www.rechtzweinull.de/index.php?/categories/26-Bewertungsportale-Recht

[157] Zitat Martin Sorrell, Vortrag über PR vom 5.11.2008 in New York, zitiert aus Paul A. Argenti, Digital Strategies for Powerful Corporate Communications, McGraw-Hill, 2009, Seite 75

[158] Entschuldigungsbrief im Zusammenhang mit dem Skandal um rehabilitierte Bischöfe, die als Holocaust-Leugner auftraten, zweiter Abschnitt, 10.3.2009
http://www.vatican.va/holy_father/benedict_xvi/letters/2009/documents/hf_ben-xvi_let_20090310_remissione-scomunica_en.html

[159] Such-Abos für Monitoring auf Google: http://www.google.com/alerts
Bing/Windows Live: http://alerts.live.com/Alerts/Default.aspx
Yahoo: http://alerts.yahoo.com/

[160] Erweiterte Suche auf Socialmention.com:
http://socialmention.com/advanced_search

[161] Meltwater Buzz Social Media Monitoring
www.meltwater.com/products/meltwater-buzz/

[162] Marcel Bernet, Richard Binhammer hält Dell im Dialog, bernetblog, 12.1.2010 http://bernetblog.ch/2010/01/12/getroffen-richard-binhammer-halt-dell-im-dialog/

[163] Matthias Lüfkens, Panel für Social Media an der LeWeb 2009, Paris, 10.12.2009

[164] Dominik Allemann, Social Media Gipfel: Das WEF und Social Media, bernetblog, 9.4.2010 http://bernetblog.ch/2010/04/09/social-media-gipfel-das-wef-und-social-media/

[165] Marcel Bernet, PR 2.0: Facebook und Twitter zählen zum Handwerk, bernetblog, 26.1.2020 http://bernetblog.ch/2010/01/26/pr-2-0-facebook-und-twitter-zahlen-zum-handwerk/

[166] Vorlagen und Beispiele für Social Media Richtlinien: BVDW Leitfaden
http://www.bvdw.org/medien/bvdw-leitfaden-social-media-richtlinien--10-tipps-fuer-unternehmen-und-ihre-mitarbeiter-?media=1770
SHIFT Communications Top 10 Corporate Guidelines
http://www.shiftcomm.com/downloads/socialmediaguidelines.pdf
Social Media Governance Datenbank mit Beispielen
http://socialmediagovernance.com/policies.php

[167] Stefan Münker, Emergenz digitaler Öffentlichkeiten. Die Sozialen Medien im Web 2.0, edition unseld, 2009, Seite 9

[168] Marcel Bernet, Medienarbeit im Netz, Orell Füssli, 2006, Interview mit Robert Scoble, Seite 130

Medien

Tobias Ebbrecht / Thomas Schick (Hrsg.)
Kino in Bewegung
Perspektiven des deutschen
Gegenwartsfilms
2011. ca. 300 S. (Film, Fernsehen, Medienkultur. Schriftenreihe der Hochschule für Film und Fernsehen „Konrad Wolf") Br.
ca. EUR 29,95
ISBN 978-3-531-17489-1

Regina Friess
Narrative versus spielerische Rezeption?
Eine Fallstudie zum interaktiven Film
2010. ca. 250 S. (Film, Fernsehen, Medienkultur. Schriftenreihe der Hochschule für Film und Fernsehen „Konrad Wolf") Br.
ca. EUR 29,95
ISBN 978-3-531-17502-7

Andrea Gschwendtner
Bilder der Wandlung
Visualisierung charakterlicher Wandlungsprozesse im Spielfilm
2011. ca. 450 S. (Film, Fernsehen, Medienkultur. Schriftenreihe der Hochschule für Film und Fernsehen „Konrad Wolf") Br.
ca. EUR 39,95
ISBN 978-3-531-17488-4

Volker Gehrau /
Christoph Neuberger (Hrsg.)
StudiVZ
Kommunikationswissenschaftliche
Studien zum Umgang mit einem sozialen
Netzwerk im Internet
2011. ca. 208 S. Br. ca. EUR 24,95
ISBN 978-3-531-17373-3

Mike Sandbothe
Wozu Medienphilosophie?
Pragmatistische Aufsätze 2000 bis 2010
2010. ca. 160 S. Br. ca. EUR 19,95
ISBN 978-3-531-17620-8

Wolfgang Schweiger / Klaus Beck (Hrsg.)
**Handbuch
Online-Kommunikation**
2010. 549 S. Geb. EUR 39,95
ISBN 978-3-531-17013-8

Eva Johanna Schweitzer /
Steffen Albrecht (Hrsg.)
Das Internet im Wahlkampf
Analysen zur Bundestagswahl 2009
2011. ca. 300 S. Br. ca. EUR 29,95
ISBN 978-3-531-17023-7

Erhältlich im Buchhandel oder beim Verlag.
Änderungen vorbehalten. Stand: Juli 2010.

www.vs-verlag.de

VS VERLAG

Abraham-Lincoln-Straße 46
65189 Wiesbaden
Tel. 0611.7878-722
Fax 0611.7878-400

Reihe Medien – Kultur – Kommunikation

Andreas Hepp
Cultural Studies und Medienanalyse
Eine Einführung
3., überarb. u. erw. Aufl. 2010. 321 S. (Medien – Kultur – Kommunikation) Br.
EUR 29,95
ISBN 978-3-531-15543-2

Andreas Hepp / Cigdem Bozdag / Laura Suna
Mediale Migranten
Medienwandel und die kommunikative Vernetzung der Diaspora
2011. ca. 240 S. (Medien – Kultur – Kommunikation) Br. ca. EUR 29,95
ISBN 978-3-531-17314-6

Christine Linke
Medien im Alltag von Paaren
Eine Studie zur Mediatisierung der Kommunikation in Paarbeziehungen
2010. 208 S. (Medien – Kultur – Kommunikation) Br. EUR 34,95
ISBN 978-3-531-17364-1

Jo Reichertz
Die Macht der Worte und der Medien
3. Aufl. 2010. 333 S. (Medien – Kultur – Kommunikation) Br. EUR 29,95
ISBN 978-3-531-17242-2

Paddy Scannell
Medien und Kommunikation
2011. 400 S. (Medien – Kultur – Kommu-nikation) Br. ca. EUR 29,95
ISBN 978-3-531-16594-3

Martina Thiele / Tanja Thomas / Fabian Virchow (Hrsg.)
Medien – Krieg – Geschlecht
Affirmationen und Irritationen sozialer Ordnungen
2010. 363 S. (Medien – Kultur – Kommu-nikation) Br. EUR 34,95
ISBN 978-3-531-16730-5

Waldemar Vogelgesang
Jugend, Alltag und Kultur
Eine Forschungsbilanz
2011. ca. 400 S. (Medien – Kultur – Kommunikation) Br. ca. EUR 49,95
ISBN 978-3-531-14478-8

Erhältlich im Buchhandel oder beim Verlag.
Änderungen vorbehalten. Stand: Juli 2010.

www.vs-verlag.de

VS VERLAG

Abraham-Lincoln-Straße 46
65189 Wiesbaden
Tel. 0611.7878-722
Fax 0611.7878-400